Matthias Kehle | Chris Inken Soppa

Das gibt es nur am Bodensee

SILBERBURG

1. Auflage 2018

© 2018 by Silberburg-Verlag GmbH,
Schweickhardtstraße 5a, 72072 Tübingen.
Alle Rechte vorbehalten.
Umschlaggestaltung: Björn Locke, Nürtingen.
Lektorat: Michael Kohler, Karlsruhe.
Printed in Slovenia by Florjancic.

ISBN 978-3-8425-2075-2

Besuchen Sie uns im Internet
und entdecken Sie die Vielfalt
unseres Verlagsprogramms:
www.silberburg.de

Inhalt

Beliebt, bekannt, verehrt – Persönlichkeiten rund um den Bodensee

Zu Wasser, im Kochtopf und in der Luft – Bodensee-Erfolgsgeschichten

Pizza, Käse, Seehasen – Feiern und Genießen

Eiszeit, Päpste, Kollisionen –
Höhe- und Tiefpunkte der Bodensee-Geschichte

Patente, Pegelstände und Höhlenfische – Bodensee-Besonderheiten

Gipfel, Zeitkapseln und jede Menge Affen – Sehenswerte Orte

Zwischen Dagobert und Droste – Besuch auf der Meersburg

Glaubt man der Sage, kann Dagobert I. als Gründer der Meersburg betrachtet werden. Im 7. Jahrhundert hatte der Merowingerkönig rund um den Bodensee im christlichen Sinne gewirkt. Hatte Kapellen gegründet und das junge Bistum Konstanz mit Einkünften ausgestattet. Hoch überm Wasser, genau dort, wo sich die heutige Meersburg befindet, ließ er angeblich einen Schutzbau aus Holz errichten.

An ihn erinnert der Dagobertsturm: ein wuchtiger, aus dem 11. Jahrhundert stammender Bergfried, ältester Teil der Burg. Kein einziges Mal wurde die Meersburg eingenommen oder gar zerstört. Im Dreißigjährigen Krieg gelang es den Schweden gerade mal, den Dachstuhl in Brand zu schießen, weiter kamen sie nicht.

Heute muss niemand die Meersburg belagern, um sie betreten zu dürfen; sie wurde längst zum Museum umgestaltet. Stets blieben einige Räume privat, auch die jetzigen Besitzer leben hier. Das macht die Meersburg zur ältesten bewohnten Burg Deutschlands.

Sie ist eine wahre Zeitmaschine. Kaum hat der Museumsgast den freundlichen, bunt gewandeten Brückenwächter vorm Burgtor passiert, steht er schon im Mittelalter. Der »Burgfried«, ein bemaltes Schild, warnt Friedensbrecher vor dem Verlust einer Hand. In der Waffenhalle finden sich Ritterrüstungen. Eine Schmiede gibt es hier, mittelalterliche Wohnräume, Rittersaal, Burgverlies und Wehrgänge, die Zisterne, einen Brunnen, der fast 40 Meter tief in den Felsen reicht. Und eine

Zeitmaschine und letzte Heimat der Droste: die Meersburg.

Folterkammer, in der man sich die Mittelalter-Rechtsprechung lebhaft vorstellen kann.

Ab 1211 diente die Meersburg den Konstanzer Fürstbischöfen als Sommerresidenz. Während der Reformation kam es zwischen Fürstbischof Hugo von Hohenlandenberg und Konstanz zu Konflikten. Daraufhin erkor er die Meersburg ab 1526 zu seinem ständigen Wohnsitz, ließ den »Renaissancesaal«, drei neue Türme und einen Staffelgiebel errichten und verlieh der Burg so ihr heutiges Aussehen.

Mit einem Schritt aus der »Dürnitz«, der beheizbaren Wachstube, verlässt man das Mittelalter und steht direkt im barocken Treppenhaus. Die Bischöfe hatten nach 1700 versucht, aus der Meersburg ein modisches Barockschloss zu machen, indem sie hohe Stuckdecken und repräsentative Zimmerfluchten einbauen ließen. Mit dem damals neuartigen französischen Rollglas wurden auch größere Fenster möglich. Schließlich aber entschied man sich für einen Neubau direkt nebenan: das »Neue Schloss Meersburg«, das Franz Konrad von Rodt anno 1750 als Erster bezog. Die alte Burg wurde nicht weiter umgebaut; ihr mittelalterlicher Charme blieb erhalten. Gesindeküche und Backstube zeugen von dieser Epoche. Von dort geht's in die Zeit des Biedermeier: Blümchentapeten, goldgerahmte Ölbilder, zierliche Stühle und Tische. Das Reich der Dichterin Annette von Droste-Hülshoff. 1838 hatte Freiherr von Laßberg die Burg erworben. Seine Frau Jenny war Annettes Schwester. Auf deren Einladung hin kam die berühmte Dichterin immer wieder an den Bodensee. Hier schrieb sie einige ihrer bedeutendsten Werke, hier starb sie schließlich. Auch ihr Sterbezimmer kann besichtigt werden.

Und wenn der Museumsgast mit seiner Zeitreise am Ende ist und blinzelnd über die Zugbrücke wieder ins Hier und Jetzt tritt, kann er sich im Rittermarkt gegenüber mit einer Rüstung, einem Umhang oder einem Dekoschwert eindecken – was das Herz eines kleinen oder großen Ritters eben begehrt.

Barocke Zeitkapsel – Die Stiftsbibliothek Sankt Gallen

»Bücherarche« nennt der Schweizer Schriftsteller Thomas Hürlimann den Barocksaal der Stiftsbibliothek des Klosters Sankt Gallen, der ältesten Bibliothek des Landes. Überm Eingangsportal stehen die griechischen Buchstaben ΨΥΧΗΣ ΙΑΤΡΕΙΟΝ, das heißt so viel wie »Apotheke für die Seele«. Möglicherweise gesunden Besucherseelen beim Betreten dieses Raums, vor allem aber entsteht ein Gefühl von Demut. Das liegt nicht bloß an den Filzpantoffeln, die man überstreifen muss, um den wertvollen Holzfußboden zu schützen. Säulen und Bücherschränke türmen sich hoch, über die gewölbte Decke erstrecken sich prächtige Stuckaturen und Fresken, rundherum eine geschwungene Galerie. Dieser Saal gilt als einer der stilvollsten Bibliotheksräume der Welt. Errichtet wurde er um 1760 vom Vorarlberger Baumeister Peter Thumb und dessen Sohn.

Der riesige Bestand der anno 719 gegründeten Sankt Galler Stiftsbibliothek ist bis heute weitgehend erhalten geblieben. Rund 175 000 Bücher, tausend mittelalterliche Druckwerke und mehr als zweitausend Handschriften lagern in dieser barocken Zeitkapsel. Zum Beispiel ein Exemplar des Codex Abrogans, es ist das älteste erhaltene Buch in deutscher Sprache. Oder der Sankt Galler Klosterentwurf aus dem 9. Jahrhundert, früheste Planzeichnung einer Klosteranlage. Zudem besitzt die Sankt Galler Bibliothek die älteste Sammelhandschrift mittelhochdeutscher Epik mit bekannten Werken wie dem Parzival oder dem Nibelungenlied.

»Apotheke für die Seele« – die Stiftsbibliothek Sankt Gallen.

1805 hob man das Kloster auf. 1983 wurde der Stiftsbezirk Sankt Gallen ins UNESCO-Weltkulturerbe aufgenommen. Jährlich wechselnde Ausstellungen im Büchersaal zeigen Manuskripte und Drucke. Mittendrin als ständiges Ausstellungsstück: Schepenese, eine ägyptische Mumie aus dem 7. Jahrhundert vor Christus im gläsernen Schneewittchensarg, umringt von ihren Sarkophagen. Im Gewölbekeller des Bibliotheksflügels, dem sogenannten Lapidarium, finden sich Bauplastiken der früheren Klosterkirche, die karolingischen und gotischen Zeiten entstammen.

Auf römischem Fundament – Die Galluskapelle Arbon

Wo sich heute der mittelalterliche Ortskern des Schweizer Städtchens Arbon befindet, erbauten die Römer um 280 nach Christus das Kastell »Arbor Felix« (zu Deutsch etwa »Glück spendender Baum«). Über den Resten eines seiner Türme steht eine schlichte romanische Kapelle, gewidmet dem Heiligen Gallus.

Im Jahr 612 gelangten die irischen Glaubensboten Kolumban und Gallus nach Arbon. Gallus wurde krank und musste zurückbleiben, während sein Gefährte weiterzog. Nach seiner Genesung scharte Gallus einige gleich gesinnte Einsiedler um sich und konnte noch viele Jahre missionieren. Im Jahr 640 starb er hochbetagt in Arbon; zwei Jahrhunderte später wurde ein erstes Kirchlein am Ort der heutigen Kapelle gebaut. Zahlreiche Legenden ranken sich um das Leben und Wirken des Heiligen. Am Eingang der Galluskapelle ragt ein großer Stein aus der Mauer, auf dem ein Fußabdruck zu erkennen ist: angeblich vom Patron höchstpersönlich.

Vermutlich ist Arbon die älteste christliche Gemeinde in der Bodenseeregion. Die ältesten Teile der heutigen Kapelle stammen aus dem 12. und 13. Jahrhundert. Ein Jahrhundert danach wurden die Wandmalereien geschaffen, die noch heute im Inneren der Kapelle zu erkennen sind. Ein Opferstock und eine hölzerne Relieffigur der Heiligen Barbara entstanden um 1500.

Weltkriegsopfer rund um den größten romanischen Sakralbau der Eidgenossenschaft

Die Schweiz hat es gut. In keinen der Kriege des 20. Jahrhunderts war sie involviert. Und dennoch hat eine Stadt richtig Pech gehabt, und zwar Schaffhausen. Neben Basel und Zürich wurde der grenznahe Ort versehentlich bombardiert. Drei Geschwader der US-Luftflotte hatten es auf Ludwigshafen am Rhein abgesehen, aber die unerfahrenen Piloten und das schlechte Wetter führten zu einer tragischen Fehlnavigation. Beim Abwurf von 378 Bomben am 1. April 1944 kamen 40 Menschen ums Leben, in Basel und Zürich weitere 46. Getroffen hat es auch das Museum zu Allerheiligen, das die Stadt auf dem Areal des ehemaligen Klosters untergebracht hatte. Zerstört wurde dabei unter anderem auch das Werk des Schaffhauser Renaissance-Künstlers Tobias Simmer.

Das ehemalige Benediktiner-Kloster mitten in der Altstadt ist der größte romanische Sakralbau der Schweiz und verfügt über den größten Kreuzgang des Landes. Schaffhausen entwickelte sich nach der ersten Jahrtausendwende zu einem bedeutenden Siedlungsplatz, nachdem der deutsche König Heinrich III. Graf Eberhard von Nellenburg 1045 für die *villa Scâhusun* das Münzrecht verliehen hatte. Vier Jahre später gründete der Graf das Kloster, der Bau war 1064 abgeschlossen. Vorbild waren Kirchenbauten im cluniazensischen Burgund. Eine Basilika aus drei Schiffen samt Chor, einem Querhaus sowie einer Doppelturmfassade – so sah die erste Version des Klosters aus, eventuell befand sich dort auch einer der Wohnsitze der Familie, die nellenburgische Pfalz. Als älteste Bauten Schaffhausens sind heute die Johanneskapelle und ein Teil der jetzigen Südwand des Kreuzganges erhalten. Das Kloster wurde zur Grablege der Stifterfamilie und stets erweitert und umgebaut. Ende des elften Jahrhunderts, als der Investiturstreit zwischen Kirche und weltlicher Macht tobte, wurde das Kloster direkt dem Papst unterstellt. Graf Burkhard von Nellenburg, Sohn des Gründers, hatte kaum noch Rechte, blieb aber Klostervogt.

Stadt und Kloster wuchsen stetig: Schaffhausen gehörte neben Hirsau und Sankt Blasien zu den großen Klöstern der cluniazensischen Reformation. Krisen blieben nicht aus. 1120 etwa überfielen die Zähringer Stadt und Kloster, im 14. Jahrhundert kam das Kloster nach Misswirtschaft in die Hände der Pauliner. 1524 wurde die Abtei in ein Chorherrenstift umgewidmet und zur zweiten städtischen Hauptkirche – die Reformation setzte sich in Schaffhausen durch. Die Konventsgebäude wurden nun als Wohnhäuser genutzt, im Winterrefektorium brachte man 1543 eine Knabenschule unter, den ehemaligen Klostergarten funktionierte man teilweise zum städtischen Friedhof um, ebenso den Kreuzgarten, die Bibliothek wurde in die Stadtbibliothek Schaffhausen integriert. In den 1920er- und 1930er-Jahren schließlich wurde in den Räumlichkeiten das Museum zu Allerheiligen untergebracht. Bedeutende kunst- und kulturhistorische

Ein Zentrum der cluniazensischen Reform: Kloster Allerheiligen.

Sammlungen, zusammengetragen von Vereinen und privaten Sammlern, sind nun hier versammelt. Der größte romanische Sakralbau der Schweiz wird also sehr weltlich und friedlich genutzt.

Kleinstadt mit Rekorden reihenweise – Bregenz

Vorarlberg ist das zweitkleinste Bundesland Österreichs und grenzt mit seiner Hauptstadt Bregenz an den Bodensee. Mit knapp 30000 Einwohnern ist sie eine Kleinstadt, die einige Superlative zu bieten hat. International beachtet werden die Bregenzer Festspiele, die jährlich auf der mit 7000 Plätzen größten Freilichtbühne der Welt stattfinden. Weitere Besonderheit: Die Bühne ist in den See gebaut. Die Festivalmacher denken sich spektakuläre Bühnenbilder und allerlei technische Finessen aus. Bis weit über 200000 Besucher locken sie damit an. Im Jahr 1946 starteten die Festspiele mit einer Mozart-Inszenierung, bereits 1950 fasste die Seebühne 6400 Zuschauer, die im Zweijahresrhythmus neue Opern oder Musicals geboten bekommen. Im Jahr 2009 gastierte hier gar James Bond; um genau zu sein, wurden hier Szenen für den Film »Ein Quantum Trost« gedreht. Nicht immer herrscht für die Aufführungen auf der Seebühne ideales Wetter, weshalb 1980 das Festspielhaus als Ausweichstätte eröffnet wurde. Die Bühnenbilder der Seebühne können hier natürlich nicht eins zu eins kopiert werden, auch fasst das Haus »nur« knapp 1800 Zuschauer. Es gilt aber als eines der besten Festspielhäuser Europas und wurde entsprechend prämiert. In den letzten Jahren machten Aufführungen von Mozarts Zauberflöte oder Verdis Aida von sich reden – inklusive Bühnenbilder. Bei Aida zierte eine Nachbildung des Kopfes der amerikanischen Freiheitsstatue die Bühne, bei der Zauberflöte drei bis zu 28 Meter hohe Drachenhunde. Die kleine Stadt verfügt außerdem über eines der bedeutendsten Kunstmuseen Europas, das »Kunsthaus Bregenz«, eröffnet 1997 nach Plänen von Andreas Zumthor. Er erhielt dafür 1998 den Mies-van-der-Rohe-Preis für europäische Architektur. In dem markanten Glaskubus werden ausschließlich zeitgenössische Werke gezeigt, das Haus selbst sammelt bevorzugt österreichische Gegenwartskunst sowie Architektur.

Auf den ersten Blick wirkt der Martinsturm in der Bregenzer Altstadt wie ein zu klotzig geratener Kirchturm. Weit gefehlt! Er ist ein ehemaliger Getreidespeicher, errichtet 1599 bis 1601, den ein gewaltiger Zwiebelturm mit einer Laterne auf der Spitze krönt. Erwähnenswert sind der Rundblick über die Stadt vom obersten Geschoss und eine Ausstellung zur Stadtgeschichte. Das Besondere ist die Tatsache, dass es sich bei der Kuppel um die größte Turmzwiebel Mitteleuropas handelt, es ist zugleich der älteste Barockbau

am Bodensee. Seinen Ursprung hat er zu Beginn des 13. Jahrhunderts. Damals wurde ein kleinerer Turm als Wohnhaus einer Adelsfamilie errichtet. Im Auftrag der Stadt wurde das Gebäude um drei Geschosse erhöht und mit dem Zwiebeldach versehen, Baumeister war Benedetto Prato. Der alles überragende Turm diente als »Hochwacht zur Brandbeschau«, zumal Bregenz 1581 von einem gewaltigen Stadtbrand zerstört worden war. In den Turm integriert war von Beginn an die mehrfach umgebaute Martinskapelle. Erhalten sind dort so genannte »Stifterbilder«, darunter eines des Grafen Wilhelm III. von Montfort mit der Jahreszahl 1363.

Gegenüberliegende Seite: Größte Turmzwiebel Europas auf dem Bregenzer Martinsturm.

Im Osten wird Bregenz überragt vom Pfänder, im alpinen Maßstab mit 1062 Metern ein eher mickriger Berg. Wäre da nicht die Seilbahn auf den Gipfel, würde er touristisch ignoriert, auch wenn sich dort oben der beste Blick auf den See bietet, den der Berg immerhin um 667 Meter überragt. Einmalig in den Alpen ist, dass dort eine Drei-Eintausender-Bergwanderung angepriesen wird: über den Pfänder (1062 Meter) zum Hirschberg (1095 Meter) und Hochberg (1069 Meter). Kein Wunder, sind doch die Alpenberge überall höher. Für den europäischen Fernverkehr bedeutet der Pfändertunnel einerseits Entlastung, andererseits Nadelöhr: Vor der Freigabe der zweiten Röhre donnerten oder schlichen im Jahr 2009 täglich 28 396 Fahrzeuge durch den Tunnel. Er war damit der am stärksten befahrene in Österreich. Für die Kritiker der Automobilität war klar, dass der zweite Tunnel noch mehr Autos anzieht, im Jahr 2016 wurde die Marke von 38 000 Autos überschritten. Zum Vergleich: Durch den Gotthard-Straßentunnel, den längsten Straßentunnel der Alpen, fuhren 2012 täglich »nur« 17 000 Fahrzeuge bei einem Maximum von 34 000. Der Pfändertunnel ist somit der meistbefahrene Autotunnel der Alpen – zum Fernverkehr gesellten sich hier noch der »kleine Grenz-« und der Berufsverkehr im Vierländereck Deutschland – Österreich – Schweiz – Liechtenstein. Viele Autotunnels gibt es nicht, deren Verkehrsaufkommen deutlich über dem des Pfänders liegt: Den Bosporus-Tunnel, erst 2016 eröffnet, passieren täglich zwischen 80 000 und 120 000 Fahrzeuge.

Eigenwillige Berge, verschwundene Gipfel und die größte Festung Süddeutschlands – Der Hegau und der Hohentwiel

Der Hegau gehört mit seinen Vulkankegeln zu den eigenwilligsten Landschaften Deutschlands. Der Heimatdichter Ludwig Finckh nannte die Gegend des »Herrgotts Kegelspiel«, und tatsächlich zählt man neun markante Berge, die in zwei Reihen stehen, in einer östlichen und in einer westlichen. Fast alle tragen auf ihrem Gipfel mindestens eine Burgruine.

Wie hat man sich die Entstehung der Hegauvulkane vorzustellen? Vor sieben bis 14 Millionen Jahren drückte die afrikanische auf die europäische Platte, die Alpen entstanden. Die Landschaft unterhalb des Hegaus wurde damals arg gegen das Granitmassiv des Schwarzwalds gequetscht, durch Verwerfungen und Risse konnte die Lava gar nicht anders, als sich durch gewaltige Ausbrüche zu entladen. Die harten Vulkanschlote blieben stehen, die »weiche« Umgebung wurde von Wind und Wasser bis heute abgetragen, vor allem aber durch die Eiszeitgletscher. Der Hohentwiel stellte sich dem Rheingletscher in den Weg und teilte ihn in zwei Äste.

Die Ruine Hohentwiel ist mit neun Hektar die größte Burgruine Deutschlands. Bis zum 1. Juni 1969 war der Gipfel eine württembergische Exklave mit wechselvoller Geschichte. Der Berg Hohentwiel ist ein Phonolith-Schlotpropfen, das Relikt eines Vulkans, nach allen Seiten hin steil abfallend. Kein Wunder, dass die Menschen im Mittelalter auf die Idee kamen, dort eine Anlage zu errichten, um sich vor Feinden zu schützen. Die Besiedlungsgeschichte der klimatisch begünstigten Hegau-Gegend geht **Durchblick vom** weiter zurück. Beim Bau des Hohentwiel-Tunnels stieß man auf Überreste **Hohentwiel zum** aus der Jungsteinzeit, erste Siedlungsspuren reichen zurück bis in die Zeit **Hohenkrähen.** um 7500 vor Christus. Die Burg selbst ist erstmals in einer Sankt Galler

Chronik aus dem Jahr 915 nachgewiesen, wo sie als *castellum tuiel* Erwähnung fand. Die frühe Geschichte ist eng mit der Gründung des Herzogtums Schwaben verbunden. Die Burg war im elften Jahrhundert im Besitz der Zähringer. Nachdem diese ausgestorben waren, wechselte die Festung in den Besitz der Herren von Klingen. Im Verlauf der folgenden Jahrhunderte ging es hin und her. Im 16. Jahrhundert war sie im Besitz von Ulrich von Württemberg, während des Bauernkriegs lagerten bis zu 500 Söldner auf der Burg, während Ulrich mit tausenden Soldaten gedachte, sein Land zurückzuerobern. Im Dreißigjährigen Krieg wurde der Hohentwiel fünfmal erfolglos belagert. Nach dem Westfälischen Frieden, von 1653 bis 1735, wurde die Festung weiter ausgebaut, bis sie ihre maximale Größe erhielt. In der zweiten Hälfte des 18. Jahrhunderts schwand die militärische Bedeutung, der untere Teil der Festung wurde abgerissen, der obere Teil (auf dem Berg) diente Württemberg als Staatsgefängnis. Als Folge der französischen Revolutionskriege wurde die obere Festung 1800/01 geschleift. Drei Jahre später musste man sie notdürftig instand setzen, da Friedrich II. zu Besuch kam. 1810 fiel das Umland an Baden, der Hohentwiel blieb bei Württemberg – und eine Ruine. In den beiden Weltkriegen war auf dem Berg jeweils eine Fliegerwache stationiert. Als 1945 die Franzosen anrückten, beschossen sie die Festung und richteten weitere Schäden an. Heute besuchen bis zu 120 000 Touristen im Jahr die Festungsruine Hohentwiel. Das Land Baden-Württemberg hat ein Informationszentrum, eine Ausstellung und eine Multimedia-Show eingerichtet. Der badische Dichter Joseph Victor von Scheffel lässt Teile seines Ekkehard-Romans am Hohentwiel spielen. Ekkehard nimmt an einer Schlacht gegen die Hunnen teil. Der Roman war damals so populär, dass an der Burgruine Schilder mit »falschen« Informationen angebracht wurden – Scheffel hat sich so manches ausgedacht, das mit der geschichtlichen Realität nichts zu tun hatte.

Prominent und dominierend – Der Säntis

An klaren Tagen dominiert der Säntis (2502 Meter) den Blick auf die Alpenkette am gesamten Bodenseeufer. Genau genommen, blickt man auf den Gebirgsstock des Alpsteins mit dem Säntis als höchstem Gipfel. Dem Alpenhauptkamm nördlich vorgeschoben zählt er zu den »prominentesten« Gipfeln Europas, zu den sogenannten »Ultra-Prominent-Peaks«. Geografen bezeichnen damit jene Berge, bei denen man vom Gipfel aus mehr als 1500 Meter absteigen muss, um auf den nächsthöheren zu gelangen. Beim Säntis sind das sagenhafte 2016 Meter. Obwohl er wahrlich nicht zu den höchsten Alpenbergen gehört, landet der Säntis auf Rang 13 der alpi-

nen Gipfelhitparade und auf Rang 29 in Europa. Der markante Berg weist allerlei Rekorde auf. Mit 2837 Millimetern Niederschlag pro Jahr ist er der niederschlagsreichste Ort der Schweiz. Im Frühling 1999 wurde mit einer Schneehöhe von 8,16 Metern die höchste jemals gemessene Schneehöhe des Landes verzeichnet. Auch in der Schweizer Landesgeschichte spielt der Berg mit dem weithin sichtbaren Sendemast eine Rolle. Während der fünf Jahre der Helvetischen Republik (1798–1803) gab es einen Kanton mit Namen Säntis. Danach ging er auf in den beiden Appenzeller Halbkantonen. Der Gipfel ist seit 1935 per Luftseilbahn erschlossen. Allerdings

erstürmten bereits im Jahr 1900 bis zu tausend Besucher pro Tag den Säntis! An keinem anderen Alpengipfel dieser Prominenz herrschte damals ein solch reger Andrang, was garantiert nicht an der Wetterstation lag, die seit 1882 auf dem Gipfel betrieben wird. Deren Errichtung samt Telegrafenanlage war eine logistische Meisterleistung. Für die Geodäten ist der Säntis als Triangulationspunkt von herausragender Bedeutung. Bei ersten Messungen im Jahr 1832 kam tragischerweise einer der beiden Ingenieure durch einen Blitzschlag ums Leben, der andere wurde schwer verletzt. Auch zwei Mordopfer sind auf diesem Gipfel zu beklagen: Im Winter 1922

Der Säntis dominiert das Alpenpanorama am Bodensee.

wurde das Meteorologenehepaar Haas von einem Schustergesellen umgebracht, der Bursche erhängte sich einige Wochen später in einer Alphütte. Die Hintergründe blieben ungeklärt. Der Mord fiel erst auf, nachdem die Wetterdaten längere Zeit ausgeblieben waren.

Weitere Kuriositäten: Zum Schweizer Nationalfeiertag am 1. August 2009 hissten die Eidgenossen eine Nationalflagge mit einer Seitenlänge von je 120 Metern und einem Gewicht von 1,2 Tonnen. Es war die bis heute schwerste und größte Nationalflagge des Landes. Deren Lebensdauer war allerdings sehr begrenzt. Am 2. August bereiteten starke Böen dem Spektakel ein jähes Ende. Einzigartig dürfte auch die »Besteigung« des Berges durch einen zwölf Tonnen schweren Bagger im Februar 2011 sein. Das Gerät wurde zum Umbau des Berggasthaues »Alt-Säntis« benötigt und war für einen Helikopter-Transport zu schwer. Eine knappe Woche lang brauchte das Monstrum für seinen Weg durch Schnee, Eis, Lawinen und Geröll.

Schöner kann man kaum reisen –
Die Oberschwäbische Barockstraße

Ferien- beziehungsweise Themenstraßen gibt es in Deutschland reichlich. Die Zuschauer des MDR-Fernsehens kürten die »Bocksbeutelstraße« zur schönsten der Nation, gefolgt von der »Deutschen Fährstraße«. Der ADAC kürt regelmäßig die »Ferienstraße des Monats«. Ob es wirklich Reisende gibt, die ihre Urlaube auf der »Deutschen Porzellanstraße«, der »Route der Industriekultur« oder der »Milch- und Käsestraße« verbringen, ist nicht bekannt. Die »Oberschwäbische Barockstraße« jedenfalls gehört zu den landschaftlich schönsten der Republik. Sie führt komplett und mit vielen Windungen durch die Region Oberschwaben, ausgehend von Ulm. Doch den schönsten Teilabschnitt haben die Erfinder rund um den Bodensee angelegt. Wer in Friedrichshafen im Uhrzeigersinn startet, fährt über Langenargen nach Bregenz. Von dort geht es in die Schweiz nach Trogen und

Bilderbuchbarock: Basilika Ottobeuren.

über Sankt Gallen und Kreuzlingen am südlichen Seeufer entlang nach Konstanz. Von hier aus wird ein autofreier Abstecher zur Mainau empfohlen. Anschließend lässt man sein Auto nach Meersburg verladen und beendet seine Rundtour in Friedrichshafen. Dieser Teil der Ferienstraße wird auch »Südroute« genannt; entsprechend gibt es drei weitere Teilabschnitte, die nach den Himmelsrichtungen benannt sind, plus eine »Hauptroute«. Angelegt wurde die Ferienstraße 1966, mit allen Verästelungen ist sie 750 Kilometer lang. Der aufmerksame Leser dieses Buches wird auf der Südroute viele Aha-Erlebnisse haben und Entdeckungen machen: von der Droste auf der Meersburg bis zur Imperia. Der kunsthistorisch Beflissene lernt Barockkünstler kennen von Cosmas Damian Asam bis Johann Baptist Zimmermann. Man besucht prunkvolle Dorfkirchen sowie reich verzierte und geschmückte Klöster. Stets hat man den See vor sich und – bei gutem Wetter – die Alpenkulisse. Schöner kann man wahrlich nicht reisen. Das Votum der MDR-Zuschauer lässt sich wohl bloß mit dem Inhalt der Bocksbeutel erklären.

Dem blauen Hinterrad nach – Der Bodensee-Radweg

Einmal auf dem Fahrrad um den Bodensee. Jedes Jahr erfüllen sich mehr als 220 000 Urlauber diesen Traum. Immer dem Logo nach (Radler mit blauem Hinterrad), durch Deutschland, durch die Schweiz, durch Österreich. Am Obersee, Überlinger See und Untersee, an Seerhein und Rheinsee entlang. Rund 260 Kilometer, meist direkt am Wasser. Bregenz, Konstanz, Überlingen, Stein am Rhein und alle anderen ufernahen Städte und Orte schließt die Route mit ein. Große Steigungen müssen Radler kaum bewältigen, nur auf dem Bodanrück geht's auf kurzer Strecke 140 Höhenmeter nach oben, da geraten auch Sportliche ins Schnaufen.

So schön ist die Bodensee-Route, dass sich viele Radreisende für die Umrundung mindestens fünf Tage Zeit lassen. Schließlich ist der Weg hier das Ziel. Klar, gut Trainierte schaffen die 260 Kilometer auch an einem Tag. Aber wer will das schon? Schließlich möchte man ja am See verweilen, mal ins Wasser springen, eine Erfrischung zu sich nehmen, Sehenswürdigkeiten besuchen, die idyllische Landschaft genießen.

Zur besseren Übersicht hat die »Arbeitsgemeinschaft Bodensee-Radweg« die Route in acht reisefreundliche Tagesetappen unterteilt. Die längste Etappe ist 51, die kürzeste 21 Kilometer lang. Karten mit Abstechern, Varianten, Abkürzungen und Sehenswürdigkeiten lassen sich unter www. bodensee-radweg.de kostenlos herunterladen. Auch ein Verzeichnis radfreundlicher Gaststätten, Hotels und Zeltplätze findet sich dort.

Der Bodensee-Radweg gilt als eine der beliebtesten Velo-Routen Europas. Hunderttausende begeisterte Radfahrer können nicht irren: Im Jahr 2016 versah der Allgemeine Deutsche Fahrradclub den Bodensee-Radweg mit vier Sternen und machte die Route damit zum ADFC-Qualitätsradweg.

Bürger gegen Bahn – Die Rettung des Lindauer Kopfbahnhofs

Bei der Verteidigung ihres historischen Kopfbahnhofs waren die Lindauer erfolgreicher als die Stuttgarter. Die prächtige Altstadt von Lindau liegt idyllisch auf einer Insel, der Bahnhof ist viergleisig auf einem 500 Meter langen Damm mit dem Festland verbunden – einmalig in Deutschland. Langsam, ja gemächlich, musste auch der Fernverkehr in diesen Bahnhof einrollen. Der Seeblick während der Einfahrt ist grandios, wer den Bahnhof verlässt, findet sich gleich in der romantischen Altstadt und auf deren Uferpromenade, einer der schönsten Deutschlands. Die Deutsche Bahn AG interessierte das herzlich wenig, ein schneller Fernverkehr ist ihr wichtiger als der Tourismus und das denkmalgeschützte Bahnhofsgebäude. »Lindau 21« hieß das Bahnprojekt, der Inselbahnhof sollte durch einen Bahnhof auf dem Festland ersetzt werden. Ziel war die Beschleunigung des Verkehrs zwischen München und Zürich. Erste Vorschläge lehnte der Stadtrat ab. Es folgten weitere Pläne seitens der Bahn und insgesamt drei Bürgerentscheide sowie Versuche von Seiten der CSU, diese wieder rückgängig zu machen. Die Bahn zeigte sich entnervt, mit dem gefundenen Kompromiss sind nun aber alle Seiten zufrieden: Der historische Bahnhof bleibt erhalten, ein neuer Fernverkehrsbahnhof Lindau-Reutin wird bis Ende 2020 fertig gestellt sein. Dieser diente bisher als Güterbahnhof. Die Bahn wird bei beiden Bahnhöfen die Infrastruktur modernisieren. Unter dem fast 20 Jahre währenden Hin und Her zwischen Bahn und Bürgern litt das alte Bahnhofsgebäude. Auch dieses muss gründlich saniert werden. Widerstand von Seiten der Bürger lohnt sich also doch!

Protzende Äbte und bescheidene Mönche – Die ehemalige Reichsabtei Salem

In der kleinen Siedlung *Salemanneswilare* gründeten Zisterziensermönche im frühen 12. Jahrhundert ein Kloster. Salem wurde es genannt, nach dem gleichnamigen »Ort des Friedens« aus dem Alten Testament, und dieser Name war Programm. Wer heute im Areal des ältesten Zisterzienserklosters der Seeregion steht, fühlt sich beseelt von der Stille und der Beschaulichkeit des weitläufigen Geländes.

»Ort des
Friedens«:
Kloster Salem.

1137 wurde Salem zur Abtei erhoben. Schnell erlebte es eine enorme wirtschaftliche Blüte und gehörte bald zu den größten und reichsten Klöstern der Gegend. Überproduktionen an Obst, Getreide und Fischen verkauften die Salemer Mönche in abgabenfreien Stadthöfen.

Vom unglaublichen Reichtum der Abtei zeugt die Anlage in Salem noch heute. Nach einem Großbrand anno 1697 ging man beim Wiederaufbau des Klosters in die Vollen. Das gotische Münster, das den Brand überstanden hatte, wurde im 18. Jahrhundert üppig herausgeputzt. Gold und lichte Farben kamen in die ehemals kargen Kirchenräume, dazu unzählige Figuren aus Alabaster. Johann Georg Dirr schuf das für Süddeutschland bedeutendste Altarensemble seiner Zeit; das nussbaumhölzerne Chorgestühl stammt vom Rokoko-Bildhauer Joseph Anton Feuchtmayer.

Noch heute machen die nach dem Brand neu errichteten Klostergebäude in ihrer Pracht so manchem Schloss Konkurrenz. Der Kreuzgang im Konventbau ist mit Gemälden verziert, die das Leben des heiliggesprochenen Klostergründers Bernhard von Clairvaux zeigen. In der Prälatur pflegte der Abt seine Gäste im Rokoko-Salon zu empfangen. Der Kaisersaal kommt hell und weit, die Bibliothek klassizistisch daher. Selbst der historische Pferdestall ist mit Wandfresken geschmückt. Eigentlich widersprach solcher Prunk den Regeln der Zisterziensermönche. Doch das Gebot der Bescheidenheit galt nur für sie. Schon der heilige Bernhard war überzeugt gewesen, ein prachtvolles Ambiente könne hilfreich sein, kirchliche Laien vom Glauben zu überzeugen.

Das Anwesen wird durch zwei gewaltige Langbauten aus dem 17. Jahrhundert eingefasst. Hier zeigt sich das Kloster von seiner pragmatischen Seite; hier lagen Mühle, Bäckerei, Weinkeller, Getreidespeicher, Schmiede und Gefängnis – und die Pferdeschwemme, wo man Zugtiere durchs Wasser führen, säubern und tränken konnte.

Im Jahr 1802 geriet die Klosteranlage in den Besitz der Markgrafen von Baden und wurde in »Schloss Salem« umbenannt; seit 2009 gehört der größte Teil dieses herausragenden Kulturdenkmals dem Land Baden-Württemberg.

Eliten, Affen, Kleingeld und viel Tatütata – Die Gemeinde Salem

Nur etwas über 11 000 Einwohner hat die Gemeinde Salem, ein paar Kilometer nördlich des deutschen Bodenseeufers gelegen. Und dennoch ist sie weltberühmt. Wie viele andere Promis haben hier Hildegard Hamm-Brücher, der Publizist Golo Mann, der Prinzgemahl der englischen Königin, Prinz Philip, Duke of Edinburgh, und das »It-Girl« Ariane Sommer ihr Abitur im Internat Schloss Salem abgelegt. Zwischen 33 000 und 36 000 Euro Schulgebühren pro Jahr müssen die Eltern der Zöglinge für diese Eliteschule berappen, es sei denn, ihnen werden Stipendien gewährt. Eröffnet wurde das Internat 1920 von den Politikern und Pädagogen Kurt Hahn, Karl Reinhardt sowie Prinz Max von Baden, der nach dem Thronverzicht 1918 als letzter Reichskanzler finanziell großzügig entschädigt worden war. Insgesamt 800 000 Mark stiftete das Haus Baden für das Projekt – schon allein aus steuerlichen Gründen. Die Inflation 1923 machte es dann notwendig, das Haus auf neue finanzielle Beine zu stellen. Die spätere Widerstandskämpferin Elisabeth von Thadden war damals kaufmännische Leiterin und beschloss, künftig möglichst viele voll zahlende Kinder aufzunehmen. Außerdem sammelte sie reichlich Spenden. Während der Nazizeit musste der Gründer und Ideengeber Kurt Hahn emigrieren, die Schule unterstand der SS. Nach dem Zweiten Weltkrieg gründete

Kurt Hahn weltweit weitere Eliteschulen. Die internationale Privatschule geriet mehrfach in Krisen, etwa durch ein Zerwürfnis mit dem Haus Baden. Es ging um Miete und Pacht. 1996 einigte man sich auf einen langfristigen Vertrag, die Zukunft der Einrichtung ist nun gesichert. Seit 2014 zieht die Schule übrigens die Handys der Mittelstufenschüler ein, um einen ungestörten Unterricht zu gewährleisten. Auch sonst setzt die Schule auf moderne Bildungskonzepte (etwa die Erlebnispädagogik) unter dem Motto »Persönlichkeiten bilden«, das sowohl für Schüler als auch für Lehrer gilt.

Wo die Klugen sind, sind die Affen nicht weit. Westlich der Gemeinde findet sich eine der Top-Touristenattraktionen, nämlich der Affenberg Salem. 200 Berberaffen (*Macaca sylvana*) bewegen sich dort frei, also auch zwischen den Besuchern, und dürfen von diesen gefüttert werden. Natürlich nicht mit Bananen oder Kokosnüssen, sondern mit speziellem Popcorn. Gründer und Eigentümer ist ein elsässischer Baron, der noch weitere Affenparks unterhält. Seit 1976 leben die Tiere quasi in freier Wildbahn, mit dem Unterschied, dass die vom Aussterben bedrohten Tiere in ihrer Heimat Marokko und Algerien in bis zu 2000 Metern Höhe leben. Gelegentlich können Tiere vom Bodensee ausgewildert werden, um die dortigen Populationen zu stärken. Dies gilt besonders für eine Gruppe, die unbehelligt von Touristen in einem abgesperrten Areal lebt. Der Affenberg hat ein großes internationales Ansehen als Forschungsstandort, es bestehen Kooperationen mit den Universitäten Leipzig und Zürich sowie mit dem Deutschen Primatenzentrum in Göttingen. Von Anfang November bis Mitte März ist Winterpause – ungestörte Paarungszeit für die Affen.

Wo die Klugen sind, sind die Affen nicht weit: der Affenberg Salem.

Damit nicht genug, Salem hat eine weitere Sehenswürdigkeit, nämlich das größte Feuerwehrmuseum Europas. Dessen Entstehung hat historische Gründe: Im Jahr 1697 zerstörte ein Großbrand das Kloster. Als Konsequenz richtete man eine Feuerwache ein, die heute noch existiert und besichtigt werden kann. Die historische Feuerspritzengarage samt Original-Löschwagen ist ebenfalls zu sehen. Damit das Museum zum größten des Kontinents wachsen konnte, wurde eines der großen Landwirtschaftsgebäude des Klosters umgebaut. Exponate der Löschtechnik aus vier Jahrhunderten sind vertreten, von der Spritze über Uniformen bis zu Atemmasken. Auch der Brandschutz hat eine historische Entwicklung hinter sich. Diese wird ebenso dokumentiert wie mancher Pionier und Erfinder, etwa Karl Wilhelm Kurtz, der Erbauer des ersten schnelllaufenden Benzinmotors. Seit der Neueröffnung 2014 werden auf 800 Quadratmetern Ausstellungsfläche 2000 Exponate präsentiert. Den Grundstock bildete die Sammlung Max von Badens.

Der Mainaugraf und seine Blumeninsel

Die Heirat mit einer Bürgerlichen führte Graf Lennart Bernadotte an den Bodensee: Als Urenkel des russischen Zaren Alexander II. und Enkel der schwedischen Königin Victoria hätte der 1909 in Stockholm geborene Prinz Gustaf Lennart Nicolaus Paul Bernadotte König von Schweden werden können. Doch es kam anders. Lennart Bernadotte heiratete die nichtadelige Fabrikantentochter Karin Nissvandt und wurde prompt aus der Thronfolge verstoßen.

Seine Großmutter, Königin Victoria, gebürtige Prinzessin von Baden, hatte die Insel Mainau in die Familie gebracht. Mit seiner Angetrauten zog sich Lennart Bernadotte nun dorthin zurück. Sein Plan: das 45 Hektar große und komplett verwilderte Eiland zu einem Park für Touristen umzugestalten. Zu Beginn des Zweiten Weltkriegs kehrte die junge Familie zurück nach Schweden; Lennart Bernadotte arbeitete dort als Fotograf. Auch gründete er eine Filmproduktionsfirma, gewann sogar einen Oscar.

Nach Kriegsende kam Lennart Bernadotte wieder auf die Mainau. Große Aufgaben warteten auf ihn. Schon zur Zeit des Nationalsozialismus hatte die Insel einen touristischen Aufschwung erlebt, dann wurde sie von französischen Truppen beschlagnahmt, die das Gelände vorübergehend als Sanatorium für ehemalige KZ-Häftlinge nutzten. 1951 wurde Lennart Bernadotte erneut in den Adelsstand erhoben, eine Tante verlieh ihm den Titel »Graf von Wisborg«. Anfang der 1950er-Jahre begann er, die Mainau radikal umzugestalten. Das barocke Schloss und die Kirche, beides

Kleinod: der Gärtnerturm auf der Mainau.

im 18. Jahrhundert von Johann Caspar Bagnato erbaut, erstrahlten bald in neuem Glanz. Graf Lennart ließ zusätzliche Gartenanlagen aufbauen, darunter die »Italienische Wassertreppe« oder den »Garten für alle«. Sein Konzept ging auf: Die Insel wurde schnell zum Publikumsmagneten.

Anfang der 1970er-Jahre sorgte der Mainaugraf einmal mehr für Schlagzeilen. Er trennte sich von Karin Nissvandt, mit der er mittlerweile vier Kinder hatte, und heiratete seine Assistentin Sonja Haunz, 35 Jahre jünger als er selbst. Mit ihr machte Lennart Bernadotte die Mainau zum beliebtesten Ausflugsziel Baden-Württembergs. Gräfin Sonja führte seine Projekte fort und managte das Unternehmen Mainau GmbH. In den 1990er-Jahren kamen jährlich rund zwei Millionen Besucher auf die Insel. Ein Palmenhaus wurde ans Schloss gebaut; Anfang 2000 weihte man das Schmetterlingshaus ein.

Graf Lennart Bernadotte wurde 95 Jahre alt. Am 21. Dezember 2004 verstarb er auf seiner Insel. Gräfin Sonja überlebte ihn nur wenige Jahre.

Mittlerweile ist die nächste Mainau-Generation im Geschäft. Heute hat die älteste Bernadotte-Tochter Gräfin Bettina als studierte Tourismus-Betriebswirtin auf der Insel das Sagen. Unter ihrer Ägide entstand ein Wasserspielplatz, auch werden auf der Mainau regelmäßig Ausstellungen und Konzerte veranstaltet. Die Mainau blüht bunter und schöner denn je – gewiss hätte sich der alte Graf über die Fortentwicklung seiner Blumeninsel gefreut.

Kirchen, Fisch und Gemüse – Die Klosterinsel Reichenau

Bis ins achte Jahrhundert lag die Reichenau weitgehend wild und unbewohnt. Die Menschen fürchteten sich vor den sagenhaften Ungeheuern auf der Insel. 724 aber erschien der tapfere Wandermönch Pirmin, bei dessen Anblick sich Schlangen, Würmer und Kröten fluchtartig in den See stürzten – so die Legende. Pirmin rodete die Insel, baute am Nordufer eine Kirche und gründete das Kloster Mittelzell. Seine Mission: die Alemannen zum christlichen Glauben bekehren.

Etwa hundert Jahre später schrieb Reichenau-Abt Walahfrid Strabo sein Gartenbaubuch »Hortulus«, eines der frühesten und wichtigsten botanischen Werke des Mittelalters. Ein nach historischem Muster angelegtes Kräutergärtlein zeugt heute von Walahfrids pflanzenkundlichen Erkenntnissen.

Das Kloster entwickelte sich zu einem der bedeutendsten kulturellen Zentren der damaligen Zeit. Auf dem Gebiet der Buchmalerei war die Reichenau führend; im 10. Jahrhundert galt der Bestand ihrer Bibliothek als einer der größten weltweit. Einen karolingischen Plan fürs Kloster Sankt Gallen entwarf man hier um 820: die einzige erhaltene Bauzeichnung aus dem frühen Mittelalter. Zwischen dem 9. und 12. Jahrhundert sind entstanden: die Kirchen Sankt Georg, Sankt Peter und Paul, das Münster Sankt Maria und Markus. In Sankt Georg lassen sich schön restaurierte romanische Wandmalereien bestaunen.

1540 wurde das Reichenauer Kloster dem Bistum Konstanz unterstellt und im Rahmen der Säkularisation 1803 aufgehoben. Zwanzig Jahre später regte Napoleon III. an, einen Damm vom Festland auf die Reichenau zu bauen. Dessen 1300 Meter lange Pappelallee markiert heute das südliche Ende der Deutschen Alleenstraße. Hier liegt die Ruine der Burg Schopflen, die im 14. Jahrhundert im »Konstanzer Fischerkrieg« zerstört wurde.

Längst haben die Fischer nebst Gemüsebauern und Touristen die Reichenau übernommen. Das Klima auf der mit 4,3 Quadratkilometern größten Bodenseeinsel ist außergewöhnlich mild, hier gedeihen Salate, To-

maten oder Bohnen im Freien wie im Gewächshaus ausgezeichnet. Als geografische Marke »von der Reichenau« sind die Erzeugnisse EU-weit geschützt. An vielen Stellen auf der Insel bieten Imbiss-Stuben und Restaurants Salate und frischen Bodensee-Fisch an.

Drei über die Insel verteilte Museumsstationen laden zur Entdeckungsreise in die Reichenauer Geschichte und Gegenwart ein. Die Museumsneubauten entstanden, nachdem die gesamte Klosterinsel Reichenau im Jahr 2000 zum UNESCO-Weltkulturerbe erklärt worden war.

Künstler-Refugium – Die Halbinsel Höri

Als Gott die Welt erschuf, hob er sich die Arbeit an der malerischen Landzunge zwischen Radolfzell und Stein am Rhein bis zuletzt auf und machte ein wahres Kleinod aus ihr: Buchten formte er, Täler, Hügel, Wiesen und Wälder. Schließlich lehnte er sich zufrieden zurück und sprach in seealemannischer Brummigkeit zu sich selbst: »Etz höri uff!« (Jetzt hör ich auf!). So erzählt man es sich auf der Halbinsel Höri. Auch Dichter Viktor von Scheffel glaubte der Sage: »Allum ist's fein und schön, hier ist vom Weltenschöpfer ein Meisterwerk geschehn.« Tatsächlich leitet sich der Name »Höri« von der »Bischofshöri« ab: ehemals zum Bistum Konstanz gehöriges Gebiet.

Nach 1933 fanden hier zahlreiche Angehörige der Kunstszene Zuflucht, die von den Nazis verfemt wurden. Walter Kaesbach, Max Ackermann, Erich Heckel, Ferdinand Macketanz, Gertraud Herzger von Harlessem, Helmuth Macke, Otto Dix und andere machten die Halbinsel zu ihrem Lebensmittelpunkt. Zunächst aus pragmatischen Gründen: Bei Bedarf wollte man sich von der Höri aus schnell in die nahe Schweiz absetzen können.

Doch die idyllische Landschaft des Untersees und des angrenzenden Hegaus ließ die geflüchteten Künstler keinesfalls kalt. In vielen Gemälden, Zeichnungen oder Aquarellen aus jener Zeit finden sich Höri-Motive: die mediterran wirkende Uferlandschaft etwa, oder der Schiener Berg. Den überzeugten Großstadtmenschen Otto Dix verstörte das Idyll zunächst: »Ein schönes Paradies. Zum Kotzen schön«, soll er ausgerufen haben. »Ich stehe vor der Landschaft wie eine Kuh.« Erst allmählich entdeckte Dix den Reiz seiner neuen Heimat. Sein ehemaliges Wohnhaus in Hemmenhofen wurde mittlerweile zum Museum umgestaltet.

Doch auch vor den Nazis war die Höri schon Anziehungspunkt für Künstler und Literaten gewesen. Von Hermann Hesse, der von 1904 bis 1912 in Gaienhofen lebte, zeugen heute das Hesse-Haus und das Hesse-Museum. Und gewiss bekam auch er den besonderen Stolz der ansässigen Bauern zu schmecken: die »Höri-Bülle«. Eine ovale, äußerst milde Zwiebel mit rotbrauner Schale. Seit 1976 feiert die Gemeinde Moos jedes Jahr Anfang Oktober ihr »Büllefest«. Dafür binden die Einheimischen ihre Büllen liebevoll zu Zwiebelzöpfen, außerdem gibt es Büllesuppe, Büllebrot und Bülledünne, eine Art Flammkuchen.

Noch heute leben Künstler auf der Höri. Der Dichter und Maler Bruno Epple beispielsweise. Oder die Schriftstellerin Felicitas Andresen, bekannt für ihren augenzwinkernden Höri-Roman »Sex mit Hermann Hesse«.

Prominentes Juwel auf dem See –
Der historische Schaufelraddampfer Hohentwiel

Majestätisch schaufelt sich die Hohentwiel durchs Wasser. Lang und schlank in Schwarz, Weiß, etwas Rot. Mit Teakholz und Messing: so glänzend, als sei sie eben vom Stapel gelaufen. Doch ihre Schaufelräder und Ansaugstutzen, ihre dekorativen Rettungsringe und ihr mächtiger Schornstein beweisen eindrücklich, dass dieses Schiffsjuwel deutlich älteren Datums ist. Am 13. Januar 1913 – nur wenige Monate nach dem Untergang der Titanic – lief die Hohentwiel vom Stapel; bis heute ist sie nicht untergegangen. Schon König Wilhelm II. nutzte das nach dem Singener Vulkan-

kegel benannte Schiff gern für Ausflüge. Ferdinand von Zeppelin feierte seinen 75. Geburtstag auf dem luxuriösen Dampfer. Vor allem aber diente die Hohentwiel als Kursschiff. Zwei Weltkriege überstand sie unversehrt, den Bombenhagel auf ihre Heimat Friedrichshafen im Februar 1944 allerdings nur, weil sie zu diesem Zeitpunkt gerade in Konstanz lag. Fast zwanzig Jahre später musste die Hohentwiel einem größeren Schiff weichen. Sie wurde ausgemustert und in Bregenz zum schwimmenden Clubheim des dortigen Segelclubs umfunktioniert. Nochmals zwanzig Jahre vergingen. Man wollte das marode Schiff verschrotten, doch im letzten Moment wurde es vom Verein »Internationales Bodensee-Schifffahrtsmuseum e. V.« übernommen und für 2,4 Millionen Euro wieder auf den Stand von 1913 gebracht. Auch der Antrieb, der letzte am Bodensee erhaltene Dampfmotor

Alt wie die Titanic: der Schaufel-raddampfer »Hohentwiel«.

seiner Art mit fast 1000 PS, konnte dank des Engagements vieler Spender und freiwilliger Helfer restauriert werden.

Seit 1990 fährt die Hohentwiel nun aus einem neuen Heimathafen, dem österreichischen Hard. Sie ist der letzte historische Raddampfer auf dem Bodensee. Ein »Dixie-Törn« oder eine »Gourmetfahrt« gilt unter Kennern als besonderes Glanzlicht. Auch Technikfans kommen auf dem Schiff nicht zu kurz: Aus nächster Nähe können sie den Kolben der Maschine und den Schaufelrädern bei der Arbeit zusehen. Sogar Hollywood-Regisseure wurden auf die Hohentwiel aufmerksam. 2008 wurde das Schiff zum Schauplatz des James-Bond-Films »Ein Quantum Trost«. Und im Jahr 2010 drehte Regisseur David Cronenberg mehrere Szenen für seinen Spielfilm »Eine dunkle Begierde« auf dem Dampfer.

»Golden Gate« am Bodensee – Die Argenbrücke

Im März 1896 schwoll der Fluss Argen zu einem gewaltigen Hochwasser und zerstörte die Holzbrücke bei Langenargen. Vier Strompfeiler hatte die Brücke gehabt, die vom Wasser einfach mitgerissen wurden.

Um künftig auf Stützen im Fluss verzichten zu können, setzte das Königlich Württembergische Innenministerium beim Wiederaufbau auf eine Hängebrücke mit Drahtkabeln. Noch im selben Jahr begannen die Bauarbeiten.

Eine Spannweite von 72 Metern zwischen vier Betonpylonen und 130 Meter lange zentimeterdicke Kabel machen die Brücke über die Argen zu einem bemerkenswerten Bauwerk. In ihrer Konstruktion ähnelt sie der Golden Gate Bridge von San Francisco, ist aber vierzig Jahre älter.

Am 25. Januar 1898 wurde die Argenbrücke als Teil der Staatsstraße von Friedrichshafen nach Lindau feierlich eingeweiht. Zwei Jahre später präsentierten deutsche Ingenieure ein Modell der Brücke auf der Pariser Weltausstellung. Den Zweiten Weltkrieg überstand das Bauwerk nahezu unversehrt; Kabelschäden durch Bombensplitter wurden mit Manschetten repariert. Im April 1945 entging die Argenbrücke knapp einer Sprengung durch Soldaten der Wehrmacht.

Am 25. Mai 1982 erklärte die Denkmalschutzbehörde die »Brücke über die Argen« zum Kulturdenkmal von besonderer Bedeutung. Heute darf die älteste Kabelhängebrücke Deutschlands nur noch von Radfahrern und Fußgängern benutzt werden.

Unterwasser-Kulturerbe greifbar gemacht – Die Uhldinger Pfahlbauten

Jährlich schwankt der Bodensee-Wasserstand um beinahe zwei Meter, das wussten bereits unsere Uraltvordern vor rund fünftausend Jahren. In der Bronze- und Jungsteinzeit stellten Seeanrainer ihre Häuser daher auf Holzpfähle, um sie trocken zu halten.

An vielen Stellen im Bodensee finden sich Reste solcher urzeitlicher Wohnstätten, die über Wasser längst verrottet wären. Bei niedrigem Wasserstand lassen sich sogar einzelne Pfostenköpfe erkennen. Der Rest bleibt Tauchern und Unterwasser-Archäologen vorbehalten.

Um auch Laien einen Blick in die Pfahlbauten-Wohnkultur zu gewähren, zog man anno 1922 in Unteruhldingen originalgetreue Rekonstruktionen hoch: Startschuss für das älteste archäologische Freilichtmuseum Deutschlands. Ein bronzezeitliches Dörflein entstand, samt Hirtenhaus und Bronze-

gießer-Werkstatt, 1939 folgte das erste Steinzeitdorf; mittlerweile existieren rund 20 schilf- oder grasgedeckte Pfahlbauten. Dort erfahren Besucher, dass urzeitliche Häuslebauer mit Zunderschwamm, Feuerstein und Katzengold Feuer machten, Beeren und Getreidebrei aßen, sich in Felle und geknüpfte Bastgewänder hüllten und Birkenteer gerne wie Kaugummi kauten.

Ab und zu sind die Pfahlbauten sogar bewohnt. Im »Hornstaadhaus« residiert zeitweise ein Museumsmitarbeiter. Im zweiten Steinzeitdorf lebten anno 2007 sieben Erwachsene und sechs Kinder mehrere Wochen als Ur-Großfamilie, begleitet vom SWR-Fernsehen. Beliebte Fernsehlocation sind die Pfahlbauten noch immer. Jüngst löste Hauptkommissarin Nele Fehrenbach für die ARD-Vorabendserie »Wapo Bodensee« hier sogar einen Mordfall.

Auch die Jüngsten dürfen schon wissenschaftlich arbeiten: 2010 rief das Pfahlbaumuseum gemeinsam mit der Kinder-Uni Tübingen die »Steinzeitwerkstatt« ins Leben. Hier gehen kleine Studenten auf Zeitreise, stellen mit vorzeitlichen Mitteln Kalksteinperlen, Holzkämme oder Handangeln her und lernen den Alltag der Unterwasser-Archäologen kennen. In der 360-Grad-Panoramashow »Archaeorama« können Besucher auf virtuellem Tauchgang Original-Siedlungsreste unter Wasser bestaunen. 2011 wurden die prähistorischen Pfahlbauten rund um die Alpen von der UNESCO zum Weltkulturerbe erklärt.

Sechstausend Jahre alte Wohnkultur: die Uhldinger Pfalbauten.

Einzige Wasserburg der Ostschweiz – Hagenwil

Rund 800 Jahre ist sie alt, die Thurgauer Wasserburg Hagenwil bei Amriswil. Ihrem Namen macht sie alle Ehre; tatsächlich ist sie allseitig von Wassergräben umgeben. Erstmals erwähnt wurde die Burg 1264, als Ritter Rudolf von Hagenwil sie dem Kloster Sankt Gallen vermachte. Zur Zeit der Appenzellerkriege im frühen 15. Jahrhundert wurde die Burg von einem Feuer zerstört; bloß die Grundmauern blieben stehen. Zwischen 1420 und 1425 baute man die Anlage neu auf und vergrößerte sie. Der Torturm stammt aus dem Jahre 1485. Noch heute befindet sich eine gotische Stube darin, das »Grossmutterstübli«, das 1786/87 vom Tiroler Maler Joseph Anton Puellacher klassizistisch ausgemalt wurde.

Interessant für große und kleine Besucher ist auch der Rittersaal, in dem Waffen und Rüstungen aus verschiedenen Epochen zu besichtigen sind. Seit 1825 bietet auf Hagenwil ein Restaurant Frisches und Leckeres aus überwiegend regionalen Produkten an. Jeden Sommer präsentieren die beliebten Hagenwiler Schlossfestspiele Theaterstücke für Kinder und Erwachsene.

Auf Pfählen errichtet – Das Konstanzer Konzilgebäude

Anno 1417 fand im heutigen Konzilgebäude am Konstanzer Gondelhafen die einzige Papstwahl nördlich der Alpen statt. Am 11. November erklang das »Habemus Papam« aus einem der Fenster; mit der Wahl Martins V. zum Papst war das Große Abendländische Schisma beendet.

Ursprünglich diente das Gebäude als »Kaufhaus«, zur Aufbewahrung der Waren ausländischer Handelsherren. Zwischen 1388 und 1391 hatte der zuständige Baumeister Arnold zunächst Hunderte Eichenpfähle in den weichen Seeboden treiben lassen, dann kamen das Erdgeschoss, ein Obergeschoss und schließlich ein 28 Meter hohes Walmdach mit drei Erkern darüber. Fertig war der größte erhaltene mittelalterliche Profanbau Süddeutschlands. Schiffe konnten dort anlegen; mit Kränen wurde die Ware ausgeladen.

Der Stadtgarten vor dem Konzilgebäude wurde erst im 19. Jahrhundert aufgeschüttet. Bis zu dieser Zeit blieb es ein Handelshaus. Als Konstanz 1863 an das Bahnnetz angeschlossen wurde, existierte zeitweise sogar ein Schienenstrang durchs Erdgeschoss. Ab 1910 baute man das »Konzil«, wie es die Konstanzer nennen, zum Veranstaltungsgebäude um; auch ein Restaurant mit Gartenterrasse wurde integriert. Das erste Stockwerk dient heute der Südwestdeutschen Philharmonie als Konzertsaal

und bietet Platz für etwa 600 Zuhörer. Obwohl das Gebäude mit seinen Säulen und historischen Fresken eine prima Atmosphäre bietet, birgt es zum Leidwesen von Musikern und Publikum doch einen entscheidenden Nachteil: In die Pianostellen mischt sich nur allzu oft das Rauschen eines vorbeifahrenden Zuges.

»Habemus Papam« – im Konstanzer Konzilgebäude fand die einzige Papstwahl nördlich der Alpen statt.

Der einzige Hundertwasser-Bau in der Schweiz

Der Künstler Friedensreich Hundertwasser (1928–2000) war fleißig. Der österreichische Maler und Architekt mit dem einzigartigen, fast schrulligen Stil ist weltweit in Ausstellungen präsent. Das gilt auch für seine Bauwerke, von denen viele in Zusammenarbeit mit ausgewählten anderen Architekten entstanden. Berühmt sind das Hundertwasser-Haus in Wien oder die Grüne Zitadelle in Magdeburg. In der Schweiz findet man nur ein einziges Hundertwasser-Bauwerk, die Markthalle in Altenrhein im Kanton Sankt Gallen, nur wenige Kilometer südlich des Bodensees am Kreisverkehr nach Staad. Gebaut wurde die Halle 1998 bis 2002 nach einer Konzeption Hundertwassers, ausgeführt wurde sie von Peter Pelikan. Markant sind vier vergoldete Turmkuppeln, die Halle im Erdgeschoss wird von typischen bunten und höchst verschiedenartigen Keramiksäulen umgeben. Zu sehen ist auch eine Multimedia-Show zum Werk des Österreichers. Das begehbare Dach ist begrünt, alle Spitzen und Türmchen werden von Kugeln gekrönt. Ein Bistro lädt zum »Sinnieren und Studieren. Die Seele baumeln und sich vom ›Spirit‹ Hundertwassers anstecken lassen«, so die Website.

Schönster und südlichster Mensablick Deutschlands – Die Universität Konstanz

Ohne muffige Talare: Grund-steinlegung der Universität Konstanz.

Gleich mehrere Superlative bietet die Universität Konstanz. Sie ist die erste deutsche Reformuniversität, die südlichste Uni im Land – und sie weist den schönsten Mensaausblick auf. Im weltweiten »Times Higher Education Ranking« der ab 1965 gegründeten Universitäten landete Konstanz 2016 als beste deutsche Nachkriegsuni auf dem 7. Platz.

Verglichen mit anderen Universitäten ist das 1966 ins Leben gerufene »Klein-Harvard am Bodensee« ein Jungspund. In den ersten Jahren gab es nicht mal ein eigenes Gebäude; Vorlesungen wurden in Privatwohnungen und im Inselhotel abgehalten. 1972 dann öffnete der Campus außerhalb der Stadt: bunte ineinandergeschobene Betongebäude, Bullaugenfenster, Pyramidenglasdach im Eingangsbereich, ein Innenhof aus Betonhügeln und eine Bachrinne, die aussieht wie ein Saurierrückgrat. Als hätten Gaudí und Le Corbusier den Bau gemeinsam ausgeheckt. Im Zentrum die Bibliothek, die als erste deutsche »24-Stunden-Unibib« ihrerseits Geschichte schrieb. Das Signet der Uni kreierte Otl Aicher, einer der bekanntesten Grafikdesigner des 20. Jahrhunderts.

Anno 1959 hatte Ministerpräsident Kurt Georg Kiesinger die Stadt Konstanz zum neuen Uni-Standort gekürt. Zum Gründungsausschuss gehörte Ralf Dahrendorf: deutsch-britischer Soziologe und Mitglied des britischen House of Lords. Er war einer der ersten Konstanzer Professoren. Die verpönten muffigen Talare wurden in Konstanz gar nicht erst eingeführt, Festakte ebenso wenig: Studierende erhielten ihre Abschlusszeugnisse per Post.

Auch die universitäre Struktur reformierte man radikal. Keine Institute, dafür Fachbereiche und insgesamt nur drei Sektionen. Lehrstühle erhielten eine kleine Grundausstattung. Wer forschen wollte, musste Mittel beantragen.

2007 und 2012 zeichnete sich Konstanz bei der Exzellenzinitiative aus und wurde zur deutschen Elite-Universität. Sie ist beliebt: Anfangs war sie für 3500 Studierende konzipiert, heute sind fast 12 000 eingeschrieben. Studiert werden Sprachen, Mathematik und Natur- und Geisteswissenschaften. Oder Politik, Jura, Wirtschaft und Verwaltung. Und zum Auftanken geht's in die Mensa. Mit Blick auf die Mainau, an guten Tagen sogar bis zu den Alpen. Schöner schaut man von keiner anderen deutschen Uni.

Tanzboden für Kaiser und Könige – Das Konstanzer Gesellschaftshaus zur Katz

Die Konstanzer Oberschicht erfuhr im frühen 15. Jahrhundert reichlich Gegenwind: Der Rat der Stadt befahl Angehörigen der Patriziergesellschaft »Zur Katz«, ihre Handelsgesellschaften aufzulösen; außerdem durften sie das Konstanzer Rathaus nicht länger als Tanzsaal missbrauchen.

Da wurde guter Rat teuer – und ein adäquater Versammlungsort ebenfalls. Da den »Katzenjunkern« ihr bisheriges Haus in der Münzgasse zu bescheiden schien, sollte im Schatten des Münsters ein größeres Gebäude

Clubhaus der Patrizier und erster Renaissancebau nördlich der Alpen: das Haus zur Katz.

entstehen. »Anno 1424 uf fasnacht« wurden Johannes Friburger, Conrat Felix, Jacob Appenteger, Hans von Tettikofen und Lütfrid Muntprat zu Baumeistern des neuen Clubhauses ernannt. Diese fünf Herren waren auf ihren Handelsreisen weit herumgekommen und wollten den Konstanzern nun zeigen, wozu steinreiche Patrizier in der Lage waren. Ein Bau in der Tradition des florentinischen Palazzo Vecchio sollte es werden! Aus Rorschach wurde Sandstein per Schiff nach Konstanz gebracht. In nur vier Jahren entstand ein für die damalige Zeit unerhört modernes Gebäude, mit Buckelquaderfassade, Reihenfenstern, einem Festsaal im Obergeschoss und mehreren Weinkellern. Heute gilt die »Katze« als erster Renaissancebau nördlich der Alpen.

Als es um 1428 erneut zu Zunftunruhen kam, musste die Stadt Konstanz vorübergehend auf einen Großteil ihrer besten Steuerzahler verzichten, weil diese auswanderten. Erst ein strenger Schiedsspruch König Sigismunds aus dem Jahr 1430, der einige der aufmüpfigsten Zünfte auflöste, beruhigte das Geschehen im Sinne der nach Konstanz zurückgekehrten Patrizier. »Auf der Katze« feierten sie ungeniert ihren Sieg und luden Persönlichkeiten aus aller Welt zu Tanz und Bankett. Auch der Ritter, Lebemann und Liedermacher Oswald von Wolkenstein ließ sich gerne dort blicken. 1442 richtete Konstanz für Kaiser Friedrich III. ein Festmahl aus, was die Statik des Hauses offenbar überforderte. Jedenfalls musste im Untergeschoss ein hölzerner Spitzbogen eingezogen werden, um das Gebäude zu stützen; er ist bis heute erhalten. Das ursprüngliche Obergeschoss besteht nicht mehr. Im Jahr 1869 brannte der Dachstuhl aus; Teile des Tanzsaals gingen verloren. Nach 1990 wurde das neu renovierte Gebäude ins Kulturzentrum am Münster integriert. Im ebenerdigen »Richentalsaal« und dem »Wolkensteinsaal« auf Höhe des ehemaligen Tanzbodens finden heute Konzerte, Lesungen und Ausstellungen statt.

Eine Wandvoll Weberinnen –
Die Fresken im Konstanzer Haus zur Kunkel

Beim Münsterplatz in der Sankt-Johann-Gasse liegt das unscheinbare Haus zur Kunkel. Ein Torbogen, drei Stockwerke, die Fensterläden im zweiten Stock geschlossen.

Wer aber durchs Tor lugt, entdeckt fünf mittelalterliche Wandfresken. Der Zahn der Zeit hat sie ordentlich angenagt, doch mit etwas gutem Willen kann man verschiedene Frauenfiguren ausmachen. Vom heutigen Besitzer des Hauses wurden diese »Medaillons« anno 1975 wiederentdeckt.

Schon vor mehr als hundert Jahren hatte man bei Bauarbeiten deutlich besser erhaltene Bildwelten freigelegt. In einem Raum in der zweiten Etage – dort, wo die vor Licht schützenden Fensterläden nur bei Führungen geöffnet werden – finden sich weitere 700 Jahre alte Malereien. Auf der Südwand die spannende Welt des »Parzival«. Die Szenen beginnen mit Parzivals Geburt und zeigen seinen Weg zum Artusritter. Das Haus zur Kunkel ist das einzige Gebäude, in dem Fresken aus Wolfram von Eschenbachs Ritterroman erhalten geblieben sind.

Die Nordwand des Raumes weist 21 schachbrettartige Felder auf, darin rot oder grün gekleidete Frauenfiguren. Sie weben, sie spinnen, sie haspeln, sie winden, auch andere Tätigkeiten zur Herstellung von Seide und Leinwand sind gut zu erkennen. Man kann die fleißigen Weberinnen sogar bei ihrem wohlverdienten Feierabend beobachten: beim Baden, Ausruhen oder Beten. Nach ihnen ist vermutlich das gesamte Haus benannt: »Kunkel« heißt so viel wie Spinnrocken. Besichtigt werden können die seltenen Schätze mittelalterlicher Wandmalerei in Absprache mit dem Konstanzer Kulturamt.

Beliebt, bekannt, verehrt – Persönlichkeiten rund um den Bodensee

Freiraum für die Dichterin – Annette von Droste-Hülshoff

Zu Besuch bei ihrer Schwester auf der Burg Meersburg lernte sie 1841 den Bodensee kennen und erlebte hier eine Zeit großer Schaffenskraft. Die anno 1797 als Anna Elisabeth Franzisca Adolphina Wilhelmina Ludovica Freiin von Droste zu Hülshoff Geborene stammte aus der Nähe von Münster. Wohlbehütet wuchs sie auf und führte ein zurückgezogenes Leben in der engen westfälischen Adelswelt. Als Kind erhielt Annette, wie sie in der Familie genannt wurde, Unterricht von ihrer Mutter und verschiedenen Hauslehrern. Schon früh litt sie an chronischen Krankheiten und starker Kurzsichtigkeit. Das Schreiben wurde ihr zum Ausgleich. Sie schuf zunächst Verse und kleine Gedichte, später wagte sie sich an ein Trauerspiel, an einen Roman und das Ritterepos »Walther«. Ab 1818 arbeitete Annette jahrzehntelang am Gedichtzyklus »Das geistliche Jahr«, der zu ihrem wichtigsten autobiografischen Zeugnis werden sollte. Balladen verfasste sie, Gedichte; in ihrer berühmten Novelle »Die Judenbuche« entwarf sie gar das Psychogramm eines Mörders.

Neben der Literatur hegte sie große Liebe zur Musik; als hervorragende Sängerin und Pianistin komponierte Annette Lieder für Gesang und Klavier, die aber erst viele Jahre nach ihrem Tod veröffentlicht wurden.

Da Annette von Droste-Hülshoff nie heiratete, blieb sie abhängig von ihrer standesbewussten und streng katholischen Mutter. Ihre Schwester Jenny hingegen vermählte sich mit dem Freiherrn Joseph von Laßberg,

dem auch die Burg Meersburg gehörte. Immer wieder besuchte Annette Schwester und Schwager am Bodensee; hier konnte sie sich erholen, hier fühlte sie sich befreit von den Pflichten, die zuhause in Westfalen auf ihr lasteten. Irgendwann betrachtete sie Meersburg gar als »zweite Hälfte meiner Heimath«, wie sie einer Freundin schrieb. Auf der Meersburg entstand dann auch ein Großteil ihrer weltlichen Gedichte. Die Landschaft inspi-

Die Droste war ihr Geld wert: Ihr Porträt zierte den Zwanzig- markschein.

rierte sie zu Texten wie »Am Bodensee«, »Das alte Schloß«, »Am Thurme« oder »Die Schenke am See«. Daraus entstand ein umfangreicher neuer Gedichtband, der 1844 veröffentlicht wurde und seiner Autorin literarische Aufmerksamkeit verschaffte.

Im November des Jahres 1843 kaufte sich Annette von Droste-Hülshoff ein eigenes Haus in Meersburg: das malerisch inmitten der Weinberge gelegene »Fürstenhäusle«. Hier erinnert ein Museum an das Leben und Wirken der berühmten Dichterin. Im Herbst 1847 kam Annette ein letztes Mal zu Besuch auf die Meersburg, wo sie am 24. Mai 1848 mit 51 Jahren nach längerer Krankheit verstarb. Ihr Sterbezimmer auf der Burg Meersburg kann noch heute besichtigt werden.

Gesundbrunnen für einen »Groß-Schriftsteller« – Martin Walser

Gegenüberliegende Seite: Drehte regelmäßig im Bodensee seine Runden: Martin Walser.

Angeblich schwamm er bis in seine Achtziger täglich seine Runden im Bodensee. Wie der Rotwein und eine strenge Disziplin gehört dies zu den Lebenselixieren von Martin Walser. Der in Nußdorf lebende Autor (geboren 1927) ist neben Günter Grass der bekannteste deutsche Autor der zweiten Hälfte des 20. Jahrhunderts. Ab 1955 veröffentlichte er zahlreiche, zum Teil sehr erfolgreiche Romane, darunter »Ehen in Philippsburg« (1957), »Ein fliehendes Pferd« (1978) und »Ein springender Brunnen« (1998). Walsers Karriere begann mit Einladungen zu den Treffen der «Gruppe 47». Der Autor mischte sich auch stets politisch ein. So machte er Wahlkampf für Willy Brandt, sympathisierte mit der DKP, engagierte sich gegen den Vietnamkrieg und war neben Heinrich Böll und Thaddäus Troll Mitbegründer des Verbandes deutscher Schriftsteller. Martin Walser liebt zudem die Provokation. So etwa mit dem Roman »Tod eines Kritikers« (2002), in dem er nicht nur Marcel Reich-Ranicki etwas unglücklich parodierte, sondern sich auch dem Antisemitismus-Vorwurf aussetzte. Bei seiner Rede zur Verleihung des Friedenspreises des deutschen Buchhandels (1998) in der Frankfurter Paulskirche sprach er sich gegen eine »Instrumentalisierung des Holocausts« aus. Das Thema Auschwitz dürfe nicht zur »Moralkeule« verkommen. In den letzten Jahren arbeitete Walser vor allem an seinen Tagebüchern, machte aber nach wie vor Furore mit Romanen, etwa 2016 mit »Ein sterbender Mann«. Angefangen mit dem Hermann-Hesse-Preis 1957 erhielt Walser zahllose Ehrungen, Ehrendoktorwürden und Preise, wie das Große Verdienstkreuz mit Stern (1994). Im kleinen Kreis ist Walser ein zurückhaltender, heiter-melancholischer Mensch, der gerne zuhört. Er ist Vater von vier Töchtern und einem Sohn, die allesamt publizistisch oder künstlerisch Karriere machten.

Paradies für Dichter –
Gaby Hauptmann und Maria Beig leben am See

Rund um den Bodensee leben ungewöhnlich viele Schriftsteller. Manche sind dort geboren, für andere ist die Gegend Wahlheimat. Die mit Abstand populärste Autorin am See ist **Gaby Hauptmann,** geboren 1957 in Trossingen. Sie begann ihre Karriere mit einer journalistischen Ausbildung in Konstanz, arbeitete für verschiedene Radio- und Fernsehsender, bevor sie 1995 den ganz großen Knaller veröffentlichte: »Suche impotenten Mann fürs Leben«. Mit »Nur ein toter Mann ist ein guter Mann«, »Die Lüge im Bett« und vielen weiteren unterhaltsamen Frauenromanen sowie der Jugendbuchserie »Kaja – frei und stark« erreichte sie eine Gesamtauflage von sechs Millionen allein in Deutschland. Hinzu kommen Übersetzungen in 35 Sprachen sowie Verfilmungen. Die Bestsellerautorin lebt in Allensbach.

Zu eher literarischen Ehren als kommerziellem Erfolg hat es **Hermann Kinder** gebracht, geboren 1944 in polnischen Thorn. Er kam als Student nach Konstanz, wo er promovierte und später Germanistik lehrte. Als Romancier debütierte er 1977 mit »Der Schleiftrog«, von der Kritik hoch gelobt. Ein Rezensent schrieb über Kinders Helden: »Innerlich den wehmütigen Hang zur Weltentfremdung, äußerlich den Bauchansatz und geographisch die Hingezogenheit zur Bodenseelandschaft mit ihrem uneingelösten Versprechen, alles menschliche Auseinanderstreben in natürlicher Harmonie zu befrieden.« Er erhielt zahlreiche Preise, ähnlich wie sein Schweizer Kollege **Beat Brechbühl** (geboren 1939), der sich als Erzähler, Lyriker und Kinderbuchautor einen Namen machte, sein Kinderbuch »Kneuss« wurde 1978 verfilmt. Bekannter wurde Brechbühls 1980 gegründeter Waldgut-Verlag, einer der wichtigsten Verlage der Schweiz. Das Waldgut-Markenzeichen sind schöne, bibliophile Bücher und Drucke, vielfach im Bleisatz, die bei Sammlern begehrt sind. Der in Frauenfeld lebende Autor und Verleger ist damit einer der Letzten, die das klassische Buchdrucker-Handwerk beherrschen und damit erfolgreich sind.

In Immenstaad lebt hochbetagt (Jahrgang 1920) **Maria Beig.** Sie wurde in eine bäuerliche Großfamilie hineingeboren und arbeitete bis 1977 als Lehrerin. Danach schrieb sie Romane und Erzählungen über das Leben auf dem Land in ihrer Heimat Oberschwaben. Ein schlichter, fast simpler Stil ist ihr Markenzeichen. Kollegen wie Martin Walser erkannten ihr Talent schnell und förderten sie. 2010 erschien eine Werkausgabe. Walser schrieb über seine Kollegin blumig: »Literarisch kommt mir das, was Maria Beig geschrieben hat, vor wie etwas, was auf der Wiese gewachsen ist,

während wir anderen Schreibenden alle im Garten wachsen müssen. Der Unterschied ist der zwischen Gartensalbei und Wiesensalbei, der zwischen Gartenakelei und Wiesenakelei. In Duft und Feuer.«

Vor allem mit zwei Büchern machte **Arno Geiger** (geboren 1968) Furore. Zum einen mit dem Roman »Es geht uns gut«, einem Familienroman über mehrere Generationen, für den er den Deutschen Buchpreis erhielt. Mehr noch wurde »Der alte König in seinem Exil« gelesen und diskutiert.

Auf der Suche nach dem impotenten Mann fürs Leben: Gaby Hauptmann.

Der schmale Band erzählt anrührend und lakonisch, aber nie anklagend, vom Schicksal seines demenzkranken Vaters. Geiger wurde in Bregenz geboren, wuchs in Wolfurt auf, jobbte in seiner Studentenzeit als Techniker bei den Bregenzer Festspielen und lebt seit vielen Jahren mit seiner Partnerin in Wien. Einige Jahre älter (Jahrgang 1961) ist der ebenfalls in Bregenz geborene Autor **Robert Schneider,** der in Götzis in Vorarlberg aufwuchs, wo er auch heute noch mit seiner Familie lebt. Er ist Autor unter anderem von sechs Romanen. Sein erster Roman »Schlafes Bruder« (1992) gilt heute als Klassiker. Er erzählt die Geschichte eines Musikers, der sich durch Schlafentzug das Leben nimmt. Nachdem das Manuskript von 24 Verlagen abgelehnt worden war, wurde es zu einem internationalen Erfolg, übersetzt in 40 Sprachen. Der Roman wurde von Josef Vilsmeier verfilmt und 1996 sogar für den Golden Globe nominiert. Hinzu kommen zahlreiche Schauspiel- und Opern- und sogar Ballettfassungen.

Der Bodensee und seine Landschaft war Zeit seines Lebens (1932–2008) immer wieder Thema des Lyrikers, Essayisten und Erzählers **Werner Dürrson.** »Hier dämmert Deutschland am schönsten«, schrieb er während seiner Jahre in Kattenhorn (1963–1983). In seinen provozierenden Gedichten plädierte er für Umwelt- und Landschaftsschutz, engagierte sich politisch, setzte sich für soziale Gerechtigkeit und freie Meinungsäußerung ein. Seine Gedichte in dem Band »Das Kattenhorner Schweigen« sind heute noch aktuell. Bei ihrer Veröffentlichung fühlte sich so mancher Einheimische angegriffen, viele reagierten empört. Dürrsons Lyrik verknüpft auf einzigartige Weise die Landschaft des Bodensees mit pointierten politischen Aussagen.

»Hallo Engel« – Eldorado für Schlagerstars

Der Bodensee zieht nicht nur Dichter und Denker an, sondern auch Schlagerstars. Einer davon erhielt 2011 den »Ballermann-Award« für sein Lebenswerk, nämlich **Matthias Reim.** Der 1957 im hessischen Korbach geborene Musiker verbuchte 1990 einen der größten und für manchen nervigsten Ohrwürmer der deutschen Schlagergeschichte. »Verdammt, ich lieb' Dich« belegte 16 Wochen lang den ersten Platz der deutschen Single-Hitparade und verkaufte sich 2,5 Millionen Mal. Von seinen bisher 16 Studioalben landeten neun in den Top Ten der deutschen Longplay-Charts. Auch in Österreich und in der Schweiz tauchten einige seiner Alben oben in den Hitparaden auf – in Österreich hatte er vier Top-Ten-Alben, in der Schweiz zwei. Ohne Wim Thoelke wäre den Schlagerverächtern möglicherweise einiges erspart gewesen. Reim schickte ihm nämlich eine Kassette mit »Verdammt, ich lieb' Dich«, worauf Thoelke ihn in seine Sendung einlud. Fleißig war er auch als Komponist, etwa für Roberto Blanco, Bernhard Brink, Jürgen Drews oder Michelle. Mit der Sängerin war er zeitweise liiert, ebenso mit zahlreichen anderen Frauen. Fünf von ihnen schenkten Matthias Reim sechs Kinder. Seit 2012 lebt Reim am See, zunächst auf der Halbinsel Mettnau, seit 2017 in Stockach.

In Friedrichshafen geboren wurde 1949 der Musiker **Stefan Waggershausen,** dessen Karriere 1980 mit dem Hit »Hallo Engel« begann, Platz 26 in der deutschen Single-Hitparade. Es folgten weitere Hits wie »Zu nah am Feuer«, das in den Alpenländern Platz eins erreichte, in Deutschland Platz 13, oder »Das erste Mal tat's noch weh« (Platz 6 in Deutschland, Platz 3 in Österreich und 17 in der Schweiz). Erfolgreich war auch er als Komponist und Produzent, etwa für Daliah Lavi, Wolfgang Petri oder Peter Kraus. Er produzierte das Musikmärchen »Wolke 7«, in dem Musiker wie Nena, Die Prinzen und Michael Schanze Rollen übernahmen. Verantwortlich war er auch für Tatort-Songs oder die Musik der Ice-Age-Reihe. Für seine Arbeit erhielt er Auszeichnungen, wie etwa den Deutschen Schallplattenpreis.

Warme Ohren in der Wüste Gobi – Fritz Mühlenweg war mit Sven Hedin unterwegs.

Vom See in die Wüste – Fritz Mühlenweg begleitete Sven Hedins legendäre Expedition

An den Bodensee zog es viele Künstler und Schriftsteller, die teils Weltruhm erlangten. Vom Bodensee weg zog es Fritz Mühlenweg, geboren 1898 in Konstanz. Zunächst übernahm er dort die väterliche Drogerie. Als Soldat geriet er 1917 in französische Gefangenschaft, allerdings gelang dem jungen Mann die Flucht. In den Jahren 1927 und 1928 nahm er an der internationalen, von Sven Hedin geleiteten Expedition in die Mongolei, die Wüste Gobi und Chinesisch-Turkestan teil, zwei weitere Expeditionen folgten bis 1932. Seine Erfahrungen aus diesen Reisen schlugen sich in dem Jugendbuch »In geheimer Mission durch die Wüste Gobi« nieder. Das in viele Sprachen übersetzte Buch gehört

Persönlichkeiten rund um den Bodensee

heute zu den Klassikern der Reiseliteratur. Auch sein Roman »Fremde auf dem Pfad der Nachdenklichkeit« war erfolgreich. Fritz Mühlenweg war 1956 der erste Preisträger des Deutschen Jugendbuchpreises (für »Der glückliche Löwe«). Außerdem übersetzte er Kinderbücher. Einige davon illustrierte seine Frau Elisabeth. Spät, nämlich nach der Rückkehr von seiner letzten Reise im Jahr 1932, studierte er an der Akademie der bildenden Künste in Wien. Dem Maler und Freund von Otto Dix war aber kein Erfolg beschieden. Fritz Mühlenweg starb 1961 zwei Tage vor seiner Frau in Allensbach. Dort wurde 2012 das Mühlenwegmuseum im Bahnhofsgebäude eröffnet.

Am Seerhein gestorben –
Udo Jürgens und sein letzter Spaziergang

An der idyllischen Seerhein-Promenade im Schweizer Örtchen Gottlieben tat Udo Jürgens am 21. Dezember 2014 seine letzten Schritte. Der österreichische Sänger, Komponist und Entertainer brach direkt vor der eigenen Haustür bewusstlos zusammen. Sein Assistent versuchte noch, ihn per Defibrillator wiederzubeleben, vergeblich. Im Alter von 80 Jahren starb Udo Jürgens im Spital von Münsterlingen an Herzversagen.

Er hatte sich wohlgefühlt in der 300-Seelen-Gemeinde an der Grenze zu Konstanz. Gern saß er dort auf einer Bank an der Uferpromenade, den Seerhein im Blick, das Wollmatinger Ried. Auch nach Konstanz ging er oft. In einer kleinen Buchhandlung war er Stammgast, hatte mehrere Lieblingsrestaurants und brachte sogar seine Schuhe immer wieder zum selben Konstanzer Schuster.

Mit Schlagern wie »Mit 66 Jahren« oder »Ich war noch niemals in New York« hatte Udo Jürgens ein Millionenpublikum für sich gewonnen. Viele Fans pilgerten zu seinem letzten Wohnort in Gottlieben und legten dort Blumen und Abschiedskarten nieder. Der Sänger, der neben der österreichischen auch die Schweizer Staatsbürgerschaft besaß, hatte gerade den ersten Teil seiner 25. Konzerttournee hinter sich. Deren Titel lautete »Mitten im Leben« – genau dort ereilte ihn schließlich der Tod.

Gegenüberliegende Seite: Schöner sterben geht nicht – Udo Jürgens starb beim Flanieren am See.

Hans Beck, Vater der Playmobil-Figuren

Im 14 000-Einwohner-Städtchen Markdorf fand der aus Thüringen stammende Spielzeug-Bastler Hans Beck seine letzte Ruhe. Schon als Kind hatte der gelernte Möbeltischler Modellspielzeug für seine Geschwister angefertigt. Als Entwicklungsleiter bei der fränkischen Spielzeugfirma *geobra* entwarf Beck Anfang der 1970er-Jahre die ersten Playmobil-Figuren. Einen Bauarbeiter erfand er, einen Ritter, einen Indianer, alle aus Kunststoff. Sie hatten runde Gesichter und starre Greifhände, sie waren bunt und beweglich, passten in eine Kinderhand und ertrugen auch die wildesten Abenteuer mit stetem Lächeln. Ausgerechnet die Ölkrise 1973 wurde ihnen zum Geburtshelfer. Kunststoff hatte sich drastisch verteuert; um Material zu sparen, setzte *geobra* auf kleinteiliges Spielzeug.

Im Februar 1974 wurden die Playmobil-Figuren, die damals noch »Klicky« hießen, erstmals auf der Nürnberger Spielwarenmesse vorgestellt. Zunächst waren die Händler skeptisch. »Sowas gibt's in Hongkong billiger«, hieß es. Die Kinder aber liebten die nasenlosen Kerlchen. Im Herbst 1974 hatte *geobra* bereits drei Millionen D-Mark mit den Spielfiguren umgesetzt; ihr Siegeszug war nicht mehr zu stoppen. Hans Beck wurde beauftragt, eine komplette Playmobil-Serie zu entwickeln. Mit austauschbaren Extrateilen, zum Beispiel Frisuren, Hüten, Umhängen. 1975 begann der Export in andere Länder. Kein Horror, keine Gewalt, keine kurzfristigen Trends, lauteten die Grundsätze von Papa Playmobil. Seine Lieblingsfigur war der Piratenkapitän.

Kurz vor dem 25. Jahrestag seiner Erfindung zog Hans Beck nach Markdorf am Bodensee, um sich dort zur Ruhe zu setzen. Eine Todesanzeige mit Playmobil-Ritter kündete Anfang 2009 davon, dass Hans Beck im Alter von 79 Jahren nach schwerer Krankheit verstorben sei. Bis zu seinem Tod waren rund 1,5 Milliarden Playmobil-Figuren hergestellt worden.

Provokation und Witz – Der Bildhauer Peter Lenk

Gegenüberliegende Seite: Das Konstanzer Wahrzeichen Imperia, ein Werk von Peter Lenk.

Peter Lenk provoziert nicht nur, er sorgt für Skandale. Und er ist Deutschlands wohl witzigster und bekanntester Bildhauer. Fast jede seiner Skulpturen ist zugleich ein politisches Statement an der Grenze zur Geschmacklosigkeit: Die Fassade des Berliner taz-Gebäudes ziert ein gigantischer Penis (»Der Pimmel über Berlin«), womit er die Zeitung mit den ganz großen Lettern auf die Schippe nimmt, bei der Skulptur »Global Players« in Überlingen greifen sich fünf nackte Politiker an die Genitalien, darunter Angela Merkel und Peer Steinbrück. Seine berühmteste Skulptur, die Konstanzer Imperia, erregte bei der Errichtung 1990 die Gemüter, weil die riesige, leicht bekleidete Kurtisane aus Beton in ihren Händen Papst Martin V. und Kaiser Sigismund

trägt, kirchlicher und weltlicher Herrscher während des Konzils von 1414 bis 1418. Peter Lenk selbst sieht die Figuren als nackte Gaukler, die sich die Insignien der Macht widerrechtlich aufgesetzt haben. Heute ist die viel fotografierte Imperia das Konstanzer Wahrzeichen schlechthin.

Geboren wurde Peter Lenk 1947 in Nürnberg. Er studierte an der Staatlichen Akademie der Bildenden Künste in Stuttgart und lebt heute in Bodman-Ludwigshafen. Ab den 1980er-Jahren machte er mit spektakulären Aktionen auf sich aufmerksam. Zum 25. Jahrestag der Berliner Mauer installierte er gegenüber dem Checkpoint Charlie ungenehmigt den »Mauerkieker«. Der Polizei gab er zu Protokoll: »Wenn die Vopos lachen, dann schießen sie nicht.« Viele seiner Skulpturen stehen in Baden-Württemberg, oft nackte Figuren mit »häßlichen«, unförmigen Körpern. Lenk versteht es jedoch, ihnen trotz aller politischer Botschaften – die Vorstände der Autokonzerne lässt er Geld kotzen – etwas Verschmitztes, Augenzwinkerndes zu verleihen.

Mit einem wollte Peter Lenk sich eigentlich nicht anlegen, sondern ihm »nur« ein Denkmal setzen, nämlich Martin Walser. In dessen Heimatstadt Überlingen hat er ihn als Reiter auf einem abgehalfterten Gaul verewigt, und zwar mit Schlittschuhen und reichlich griesgrämiger Miene. Der Großschriftsteller war empört. Peter Lenk sagte dazu im Interview: »Ich hab den Willen zur Selbstironie beim Herrn Walser etwas überschätzt. Ich schätze ihn aber trotzdem sehr als Dichter. Ich bin davon ausgegangen, wenn er Reich-Ranicki in seinem Buch umbringen lässt und wenn er dem Ejakulat in den Mundwinkel dichtet, dann wird er eigentlich vertragen können, dass er da als Eiskunstläufer zu Pferde auf dem Glatteis der deutschen Geschichte reitet.«

Kompromisslose Pionierin – Die Konstanzer Malerin Marie Ellenrieder

Im Jahr 1813 wurde Marie Ellenrieder zum Präzedenzfall. Als erste Frau durfte sie an einer deutschen Kunstakademie studieren, und zwar in München. Die 1791 in Konstanz geborene Tochter eines Uhrmachers hatte sich, entgegen dem gesellschaftlichen Ideal, bewusst gegen Ehe und Kinder entschieden und lebte nur für ihre Kunst. Das war kompromisslos, aber erfolgreich. Nach ihrem Studium wurde Ellenrieder Porträtmalerin an den südwestdeutschen Fürstenhöfen; unter anderem malte sie Erbprinz Leopold von Baden und seine Frau. 1822 unternahm sie eine Studienreise nach Rom und lernte die Künstlergruppe der Nazarener kennen. Dies sollte ihre Arbeit entscheidend verändern. Nach einem Jahr in Florenz kehrte Marie Ellenrieder nach Baden zurück und weigerte sich fortan mit wenigen Ausnahmen, Porträts zu malen. Diese dienten in ihren Augen nur der Eitelkeit. Ab sofort wollte die fromme Katholikin ihre Arbeiten ganz in den Dienst der Religion stellen. Als erste deutsche Künstlerin fertigte sie Altar- und Wandbilder für insgesamt dreizehn Kirchen, Kapellen, Schlösser und Wohnhäuser, so zum Bespiel *Maria mit dem Jesusknaben an der Hand* von 1824 oder *Die Marter des heiligen Stephan* (1827). Vom Badischen Kunstverein bekam sie die Goldene Medaille für Kunst und Wissenschaft verliehen – wiederum als erste Frau. Im Jahre 1829 ernannte Großherzog Ludwig sie zur Hofmalerin, das bedeutete einen ordentlichen Verdienst von jährlich dreihundert Gulden. Von 1847 bis 1849 fertigte Marie Ellenrieder zwei große religiöse Gemälde für die britische Königin Victoria.

Am 5. Juni 1863 starb die Künstlerin im Alter von 72 Jahren in Konstanz. Noch zu ihren Lebzeiten endete der von ihr ausgelöste Aufbruch in der Kunstszene auch schon wieder. Nach 1852 nahm die Münchner Akademie keine Frauen mehr auf – daran sollte sich bis zum Jahr 1919 nichts mehr ändern.

»Brücke«-Maler auf der Höri – Der Expressionist Erich Heckel

Als Schöpfer »entarteter« Kunst wurde Erich Heckel von den Nationalsozialisten verfolgt. Der 1883 im sächsischen Döbeln geborene Maler und Grafiker durfte nicht mehr ausstellen; das NS-Regime beschlagnahmte mehr als 700 seiner Arbeiten und entfernte sie aus deutschen Museen. Einige wurden 1939 bei einer Bilderverbrennung im Hof der Berliner Hauptfeuerwache ein Raub der Flammen.

Erich Heckel zählte zu den wichtigsten Repräsentanten des deutschen Expressionismus, war Gründungsmitglied der Künstlergruppe »Brücke« und des »Arbeitsrates für Kunst« gewesen, hatte zur Ankaufskommission der Nationalgalerie gehört. Nun aber waren Einfluss und noch dazu Obdach dahin. Im Januar 1944 zerstörte ein Bombenangriff die Atelierwohnung des Malers in Berlin.

Ein Ravensburger Architekt überließ Heckel ein Sommerhaus in Hemmenhofen auf der Höri zum Wohnen und Arbeiten. Das Haus lag direkt am See; Heckel kannte die Gegend, schon im Jahr 1936 hatte er einige Zeit dort verbracht. Zu seinen bevorzugten Motiven zählte die Zirkuswelt, das Großstadtleben; er malte auch Akte und Porträts.

Langsam gewann auch die Bodensee-Landschaft an Bedeutung in seinen Werken.

Im Herbst 1945 kam es auf Initiative des Kunstförderers Walter Kaesbach in Überlingen zu einer ersten Ausstellung moderner Kunst nach dem Krieg. Heckel schuf einen Holzschnitt für den Umschlag des Katalogheftes. 1949 wurde Heckel als Professor für Malerei an die nach dem Krieg wiedereröffnete Akademie der Bildenden Künste in Karlsruhe berufen. Er übte seine Lehrtätigkeit bis zum Jahr 1955 aus, behielt aber seinen Wohnsitz auf der Höri. Mittlerweile hatte ihn die Kunstwelt längst wiederentdeckt. Unter anderem wurde Heckel Teilnehmer der ersten »documenta« in Kassel. Privat zog er sich jedoch mehr und mehr zurück. Bis zu seinem Tod im Jahr 1970 blieb Erich Heckel mit seiner langjährigen Ehefrau in Hemmenhofen. Eine Gedenktafel an der Friedhofsmauer erinnert dort an ihn.

Gegenüberliegende Seite: Kirchner malte Heckel an der Staffelei.

In perfekter Balance – der Steinstapler Sepp Bögle

»An der Mole, Letzter Baum, 78315 Radolfzell am Bodensee«. So lautet die Adresse von Josef Bögle. Wer sich in den Sommermonaten auf die Mole des Radolfzeller Yachthafens begibt, findet dort nicht nur den Aktionskünstler selbst, sondern auch seine Steinskulpturen. Steine halten sprichwörtlich ewig, doch Bögles Skulpturen sind temporär. Sie werden vom Wind zerfegt, vom Wasser unterspült, von achtlosen Touristen umgestoßen. Steine direkt vom Bodenseeufer. Ohne Nägel, Schrauben, Klebstoff oder andere Hilfsmittel jeden Tag von Neuem aufeinander balanciert, stehen sie in bizarren Formen am Ufer, als sei ihnen die Schwerkraft völlig egal. Genau wie ihr Hersteller sind die Skulpturen perfekt ausbalanciert und nicht käuflich.

Josef Bögle, 1950 in Laufenburg geboren, arbeitete als Industriekaufmann, als Koch, als Handelsreisender, gründete eine Familie. Doch etwas fehlte ihm im hektischen Alltag. War es Klarheit, Ausgeglichenheit, inneres Gleichgewicht? 1997 wagte Bögle einen radikalen Schritt in ein einfacheres Leben. Er verkaufte sein Hab und Gut und wurde Steinkünstler auf der Radolfzeller Mole. Bei schlechtem Wetter wohnt er in einem Hotel, im Winter zieht es ihn auf die Insel Lanzarote. Wird er krank, so geht er zu einem befreundeten Arzt, weil er schon lange nicht mehr versichert ist.

Mittlerweile bringt Sepp Bögle nicht nur Steine und sein eigenes Seelenleben immer neu ins Gleichgewicht, sondern veröffentlicht auch Bücher voller Ratschläge und Weisheiten. Nachdem er den Sinn des Lebens

Ein Hochstapler der besonderen Art: Sepp Bögle.

für sich gefunden hat, will er nun anderen Menschen bei ihrer Suche helfen. Schnell wurden überregionale Medien auf ihn aufmerksam. Die Stuttgarter Zeitung bezeichnete den zottelbärtigen Alltagsphilosophen gar als »Diogenes vom Bodensee«.

Mit magnetischem Charme – Franz Anton Mesmer

Die Anziehungskraft zwischen Menschen und Dingen faszinierte ihn schon während seines Studiums in Wien. 1766 erwarb Franz Anton Mesmer mit seiner Dissertation »Einfluss der Planeten auf den menschlichen Körper« den medizinischen Doktorgrad. In den Folgejahren entwickelte er seine Theorie vom »Animalischen Magnetismus«, die in der feinen Wiener Gesellschaft einschlug wie eine Bombe. Die Themen Gravitation, Elektrizität und Magnetismus waren zu Mesmers Zeit populär. Er selbst war überzeugt, magnetische Energie würde das menschliche Befinden im Gleichgewicht halten. Gerate dieses aus den Fugen, könne man es durch Stromstöße wieder herstellen. Dafür nutzte er »Magnetisiermaschinen«.

Im Nu mauserte sich der 1734 in Iznang auf der Höri geborene Mesmer in Wien zum begehrten Promi- und Modearzt. Die verärgerten Schulmediziner hatten das Nachsehen, während Mesmers »magnetische Klinik« rasant Berühmtheit erlangte.

Dann aber scheiterte seine Behandlung einer namhaften, in früher Kindheit erblindeten Pianistin. Die klassischen Ärzte in Wien beschimpften Mesmer einmal mehr als Quacksalber. 1778 eröffnete er unter Patronage von Ludwig XVI. und Marie Antoinette in Paris eine Praxis. Als sich die Revolution ankündigte, musste Mesmer flüchten. Nach Aufenthalten in England, Deutschland und Österreich erkor er die Schweiz zu seiner Wahlheimat. Einige Zeit lebte Mesmer zurückgezogen in Frauenfeld und behandelte arme Menschen für wenig Geld oder gratis. Ab 1812 wohnte er im Konstanzer »Hardthaus«. Im Herbst 1814 zog er nach Meersburg ins Gebäude des Heilig-Geist-Spitals (heute »vineum bodensee«), wo er am 5. März 1815 einem Schlaganfall erlag.

Esoterische Zirkel des französischen Adels praktizierten den »animalischen Magnetismus« noch einige Zeit, auch deutsche Romantiker des 19. Jahrhunderts fanden Mesmers Idee einer geheimnisvollen »Lebensenergie« faszinierend. Ein wissenschaftlicher Nachweis für seinen »Heilmagnetismus« konnte allerdings bis heute nicht erbracht werden.

Mit Fleiß und kühnen Ideen – Der Rokoko-Architekt Peter Thumb

Aus Vorarlberg stammte er, der 1681 geborene Peter Thumb. Bereits sein Vater war ein bekannter Baumeister, da lag es nahe, dass sich auch der Sohn das tägliche Brot mit der Konstruktion von Gebäuden verdienen würde. Mindestens 19 Kirchen- und Klosterbauten schuf der hart arbeitende Rokoko-Architekt in seinem langen Leben. Sein Meisterwerk war die Wallfahrtskirche Birnau, die er in den späten 1740er Jahren fürs Kloster Salem errichtete. Die Birnau liegt nahe Überlingen auf einem Hügel am nördlichen Arm des Bodensees und zählt zu den Höhepunkten des süddeutschen Spätbarocks. Ungewöhnliche Ausrichtung für eine Kirche: Ihre vordere Fassade steht parallel zum Seeufer, sie ist von allen Seiten weithin sichtbar. Zugunsten der Fernwirkung wurde gar in Kauf genommen, dass der Altar nicht, wie sonst üblich, im östlichen Teil des Kirchenbaus steht.

Heute gilt die Birnau als eine der wichtigsten Attraktionen der Oberschwäbischen Barockstraße. Zum Zeitpunkt ihrer Erbauung wurde Thumb

längst als führender Architekt Süddeutschlands gehandelt und befand sich auf dem Höhepunkt seines Schaffens. Der barocke Büchersaal der berühmten Sankt Galler Stiftsbibliothek, für den er mit über 70 Jahren einen Auftrag erhielt, sollte sein letztes großes Bauwerk werden.

Doch Peter Thumb zählte nicht bloß Prälaten zu seinen Kunden. Er zog nach Konstanz, erhielt dort bereits 1725 das Bürgerrecht und wurde 1737 Mitglied des Großen Rats der Stadt. Damals gehörte Konstanz zu Vorderösterreich, und dessen Regierungsstelle ließ sich von Peter Thumb für 8400 Gulden ein schickes, dreistöckiges Gebäude mitten in die Stadt stellen: das »Haus zum Weißen Pfau«. Luxuriös kam es daher: mit reichen Stuckdecken, Wandgemälden und großzügigem Treppenaufgang. Zwei Weltkriege überstand das Gebäude, doch anno 1961 wurde es zugunsten eines klotzigen Warenhauses abgerissen. Vermutlich wäre es für den 1766 in Konstanz gestorbenen Peter Thumb nur ein schwacher Trost gewesen: Noch heute kann man in der ersten Kaufhaus-Etage sechs der originalen Rokoko-Stuckdecken bestaunen.

Gegenüberliegende Seite: Wahl-Konstanzer: Der Rokoko-Baumeister Peter Thumb.

Archetypen und Kindheitsträume – Carl Gustav Jung wurde in Kesswil geboren

Zwischen Romanshorn und Kreuzlingen liegt das Örtchen Kesswil. Es zählt gerade tausend Einwohner. Der berühmteste Sohn dieser Gemeinde hat es als Klassiker und Begründer der analytischen Psychologie zu Weltruhm gebracht. Am 26. Juli 1875 wurde Carl Gustav Jung in die Familie des evangelisch-reformierten Dorfpfarrers hineingeboren. Das Kind war ein halbes Jahr alt, als sein Vater beruflich nach Laufen am Rheinfall wechselte. Die Familie zog weiter nach Kleinhüningen bei Basel, als der kleine Carl Gustav vier Jahre alt war. Viel mit dem Bodensee zu schaffen hatte der Schöpfer der Konzepte von den »Archetypen« und des »kollektiven Unterbewussten« also nicht. Selbstverständlich hat die Gemeinde eine Straße nach ihm benannt und ein Schild am ehemaligen Pfarrhaus angebracht. Wie viel Tragik die Pfarrersfamilie vor der Geburt des Stammhalters erleiden musste, ist kaum bekannt: Zwei Töchter waren tot zur Welt gekommen, der ältere Bruder starb fünf Tage nach der Geburt. Von seinem Großvater Karl Gustav Jung (1795 bis 1864), selbst ein bedeutender Mediziner, heißt es, er sei ein Sohn Goethes gewesen. In der Literatur finden sich Hinweise auf die ersten Lebensjahre. Seine Eltern führten eine schwierige Ehe, der Junge habe sich eher zur »starken« Mutter denn zum »schwachen« Vater hingezogen gefühlt und eine »beträchtliche Kindheitsneurose« durchgemacht. Die frühen Jahre waren von Ängsten und Einsamkeit geprägt, außerdem von den »prophetischen Fähigkeiten« seiner Mutter und deren Interesse für Okkultismus. Jung selbst schreibt rückblickend: »Die Erinnerung an die äußeren Fakten meines Lebens ist mir zum größten Teil verblasst oder entschwunden. Aber die Begegnung mit der inneren Wirklichkeit, der Zusammenprall mit dem Unbewussten, haben sich meinem Gedächtnis unverlierbar eingegraben.« Als Analytiker hat er so genannte »Kindheitstraumseminare« abgehalten. Hierbei erinnerten sich Erwachsene an ihre frühesten Träume. Jung war der Ansicht, gerade solche Träume seien von großer Bedeutung, da sie das spätere Schicksal mitbestimmten. So gesehen war die kurze Zeit C. G. Jungs am Bodensee von höchster wissenschaftsgeschichtlicher Relevanz!

Der letzte Reichskanzler – Prinz Max von Baden

Ein glückliches Leben war Prinz Maximilian Alexander Friedrich Wilhelm von Baden (geboren 1867) nicht beschieden gewesen, als er 1929 in Konstanz starb, doch sein Erbe wirkt bis heute weiter. Max von Baden war der letzte Thronfolger des Großherzogtums Baden und für einen Monat auch der letzte Reichskanzler des Deutschen Reiches unter Wilhelm II. Doch der Reihe nach. Max von Baden, Sohn Wilhelms von Baden und Marias von Leuchtenberg, einer Nichte des russischen Zaren Alexander II., hatte eine für Adlige übliche Ausbildung und eine beachtliche militärische Karriere hinter sich, als er 1907 Thronfolger sowie Präsident der Ersten badischen Kammer wurde. Im Ersten Weltkrieg machte man sich über den »Sanitätsgeneral« lustig, weil er als Ehrenpräsident des Badischen Roten Kreuzes den Frontdienst umging. Der homosexuelle Prinz führte stets ein Doppelleben, er heiratete und wurde Vater. Am Ende des Ersten Weltkriegs verfiel man schnell darauf, den national wie international angesehenen Prinzen zum Regierungschef zu machen, zumal er sich gegen den uneingeschränkten U-Boot-Krieg ausgesprochen hatte und als liberal und gemäßigt galt. Es standen Waffenstillstandsverhandlungen an, und man erhoffte sich Vorteile durch Max' Integrität. Am 3. Oktober wurde Max von Baden zum Reichskanzler ernannt. Sofort bildete er eine Regierung, in die er erstmals Sozialdemokraten berief, und richtete ein Waffenstillstandsgesuch an US-Präsident Wilson. Max beendete den U-Boot-Krieg und feuerte General Ludendorff. Am 28. Oktober traten Verfassungsänderungen in Kraft, denen zufolge ab sofort der Reichstag für Krieg und Friedensschlüsse zuständig war. Für einige Tage war Prinz Max von Baden in der Folge krank und wurde von seinen Ärzten in einen Tiefschlaf versetzt – im Hintergrund liefen politische Intrigen um den Machterhalt der Monarchie. Doch es kam

anders: Am 9. November erklärte Max von Baden kurzerhand die Abdankung des Kaisers. Es ging Schlag auf Schlag: Nur Stunden später wurde die Republik ausgerufen. Max von Baden übergab die Reichskanzlerschaft an Friedrich Ebert, den Vorsitzenden der stärksten Reichstagspartei. Der Prinz zog sich ganz in sein Privatleben und an den Bodensee zurück. Zusammen mit Kurt Hahn gründete er die Schule Schloss Salem zur Heranbildung einer neuen geistigen Elite Deutschlands. Nicht ganz ohne Hintergedanken, denn durch die »markgräfliche Schulstiftung« konnte er einen großen Teil seines Vermögens dem Zugriff der Finanzbehörden entziehen.

Der unglückliche letzte Reichskanzler mit Familie.

Zu Wasser, im Kochtopf und in der Luft – Bodensee-Erfolgsgeschichten

Pleiten, Pech und viele Tote, trotzdem ein Mythos – Zeppelin-Luftfahrt

Das Unglück von Lakehurst im Jahr 1937 hat sich ins kollektive Gedächtnis der Menschheit eingegraben. Binnen einer Minute verbrannte »LZ 129 Hindenburg« beim Landemanöver, 35 der 97 Personen an Bord starben. Dennoch wurden die »Starrluftschiffe« legendär. Sie schwebten elegant und ruhig durch die Lüfte und wurden am Bodensee gebaut, wenn auch nicht dort erfunden.

Ferdinand Graf von Zeppelin wandte sich nach seinem Armeedienst im Alter von 52 Jahren der Entwicklung von Luftschiffen zu. Nach acht Jahren erhielt er 1898 ein kaiserliches Patent für ein »lenkbares Luftfahrzeug mit mehreren hintereinander angeordneten Tragkörpern«. Er gründete eine Aktiengesellschaft und delegierte die technische Umsetzung. Ein Jahr später wurde der erste »Zeppelin« in der Bucht von Manzell bei Friedrichshafen in einer schwimmenden Montagehalle gefertigt. LZ 1, »Luftschiff Zeppelin«, war 128 Meter lang, knapp zwölf Meter maß es im Durchmesser und war mit 11 300 Kubikmeter Wasserstoff gefüllt. Am 2. Juli 1900 sahen 12 000 Zuschauer, wie das Flugschiff 18 Minuten über dem Bodensee schwebte, bevor es nach einer Panne notlandete. Graf Zeppelin musste fast aufgeben, weil die finanziellen Mittel erschöpft waren. Spenden, Lotterieeinnahmen und staatliche Förderung ermöglichten eine Weiterentwicklung, allerdings stieg die Nummer 2 erst Ende 1905 in die Lüfte. Der Mythos Zeppelin ist nicht recht

nachvollziehbar, denn die Pannen, Abstürze, Notlandungen etcetera sind fast zahlreicher als die Erfolge.

Vor dem Sturm: LZ 2 im Jahr 1905.

LZ 2 wurde bei einem Sturm beschädigt, die Ingenieure bauten aus den brauchbaren Teilen LZ 3, das nach immerhin 45 erfolgreichen Flügen vom Militär angekauft wurde – und damit die Werft vor dem Ruin bewahrte. LZ 4 verbrannte ebenfalls, wieder stand das Werk vor dem Aus. Die »Zeppelinspende des deutschen Volkes« brachte jedoch eine ungeheure Summe im heutigen Gegenwert von 35 Millionen Euro zusammen. Der Graf gründete eine GmbH sowie eine Stiftung und bezeichnete den 5. August 1908 als »die Geburtsstunde der nationalen Luftschifffahrt in Deutschland«. In den folgenden fünf Jahren wurden zwölf von 19 Luftschiffen bei Unglücken zerstört. Doch es zeichneten sich auch Erfolge ab. LZ 5 flog 1909 in 38 Stunden 1194 Kilometer weit und wurde danach vom Militär übernommen, wie 14 weitere Zeppeline. Die Entwicklung wurde im Ersten Weltkrieg vorangetrieben, die Reichsführung sah im Zeppelin eine Art Wunderwaffe, doch die Alliierten schossen eine ganze Reihe in Brand. Die Heeresleitung sah ein, dass sich die Flugkörper weniger zum Angriff als eher zur Aufklärung eigneten. Die Alliierten hatten inzwischen genügend Jagdflugzeuge, die dem trägen Luftschiff überlegen waren. Die Bilanz aus Sicht der Deutschen: Die 88 während des Krieges produzierten

Zeppeline flogen 51 Angriffe auf England, warfen 197 Tonnen Bomben ab und töteten dabei 557 Menschen. Hinzu kamen 1200 Aufklärungsfahrten. Die technologische Bilanz war beeindruckender. Die Zeppelin-Gesellschaft baute Luftschiffe, die 200 Meter und länger waren. Sie konnten bis zu 50 Tonnen Nutzlast transportieren und erreichten Geschwindigkeiten bis zu 130 Kilometer pro Stunde. Die längste Fahrt führte 1917 über die Ostsee und dauerte 101 Stunden. Die LZ 101 stieg bis in eine Höhe von 7600 Metern auf, um dem Beschuss der Alliierten zu entgehen. LZ 104 schließlich legte in 95 Stunden 6757 Kilometer zurück.

Nach Unterzeichnung des Friedensvertrages zerstörten viele Luftschiffer ihre Zeppeline, um sie nicht dem Gegner überlassen zu müssen. Die übrigen kamen nach Frankreich, Italien, England und Belgien. Graf von Zeppelin starb 1917. Die Führung des Unternehmens übernahm Hugo Eckener, dem – anders als dem Grafen – die friedliche Nutzung der Luftschiffe am Herzen lag.

Knapp zwanzig Jahre währte nun die Erfolgsgeschichte des Zeppelins. Die LZ 120 »Bodensee« war mit 132,5 Stundenkilometern Höchstgeschwindigkeit das bis dahin schnellste Luftschiff der Geschichte und beförderte 1919 knapp 2400 Fahrgäste auf einer Fluglinie zwischen Friedrichshafen und Berlin. Dann kassierten die Alliierten die »Bodensee« und ihr Schwesterschiff LZ 121. Wieder stand die Zukunft auf dem Spiel. Die Rettung kam von jenseits des Atlantiks, aus den USA. Dort hatte man bereits mit Luftschiffen experimentiert, allerdings wurden die beiden Prototypen bei Unfällen zerstört. Eckener holte den Auftrag für das dritte amerikanische Starrluftschiff an den Bodensee und ließ LZ 126 bauen, das »Amerikaluftschiff«. Er überführte es im Oktober 1924 persönlich, wurde von begeisterten Menschenmengen empfangen und vom damaligen Präsidenten Coolidge ins Weiße Haus eingeladen. Eckener bezeichnete den neuen Zeppelin als »Friedensengel«. Der Engel versah bis 1932 zuverlässig seinen Dienst und wurde 1939 verschrottet.

Am 18. September 1928 stieg LZ 127 »Graf Zeppelin« zum ersten Mal auf, das erfolgreichste Luftschiff überhaupt. In die Luftfahrtgeschichte gingen mehrere Demonstrationsfahrten ein, etwa die erste und bis heute einzige Umrundung der Erde im August 1929, für die Eckener einen amerikanischen Sponsor gewonnen hatte, ein Multimillionär finanzierte eine deutsch-russische Arktisfahrt im Jahr 1931. Trotz der Konkurrenz der aufkommenden Flugzeuge wurde ab 1930 eine transatlantische Zeppelinlinie installiert, bis 1936 stiegen die Fahrgastzahlen von Europa nach Nord- und Südamerika jährlich.

Die nächste und letzte Krise begann mit den Nationalsozialisten. Reichsluftfahrtminister Göring verwandelte die Firma in ein staatliches

Unternehmen. Die Zeppeline wurden mit Hakenkreuzen versehen und dienten meist der Propaganda. Eigentlich hatte Eckener für die nächsten Zeppeline Helium als Füllung verwenden wollen, da dieses nicht brennbar ist. Doch die USA hatten ein Embargo gegen Nazideutschland verhängt. Das Verhängnis nahm seinen Lauf, die LZ 129 wurde wieder mit Wasserstoff gefüllt – das Ende ist bekannt, das größte Luftschiff aller Zeiten ging in Lakehurst in Flammen auf.

Weitere Versuche Hugo Eckeners, auf Helium umzustellen, scheiterten. Die Zeppeline fielen letztlich dem Nationalsozialismus zum Opfer. Im März 1940 veranlasste Hermann Göring die Sprengung der Luftschiffhallen und die Zerstörung der beiden letzten Luftschiffe LZ 127 und LZ 130.

Die Neugründung fiel bescheiden aus. 1993 wurde die *Zeppelin Luftschifftechnik GmbH (ZLT)* in Friedrichshafen gegründet. Der Zeppelin NT (»Neuer Typ«) stieg 1997 zum ersten Mal auf. Die bisher gebauten Luftschiffe erinnern mit 75 Metern Länge und einer völlig anderen Technologie nur noch in ihrer Form an ihre Vorfahren. Sie werden für touristische Zwecke und für Forschungsflüge eingesetzt. Geblieben ist der Mythos und die Faszination »Zeppelin«. Nacherleben kann man diese im Zeppelin-Museum in Friedrichshafen, der weltweit größten Sammlung zur Geschichte und Technik der Luftschifffahrt. Zu sehen ist dort unter anderem die originalgetreue Rekonstruktion des Passagierbereichs der »Hindenburg«, zu hören die Live-Radioreportage vom Unglück in Lakehurst.

Flugpioniere am Bodensee – Dornier

Die Wiege der deutschen Luft- und Raumfahrtindustrie stand am Bodensee. Konzerne wie Airbus bzw. EADS sind Ableger der ehemaligen Dornier-Werke. Kaum war das Flugzeug erfunden, begannen sich deutsche Ingenieure dafür zu interessieren. Claude Dornier, ab 1910 Mitarbeiter des Grafen Zeppelin, entwickelte gleich vier Flugboote. Seine Abteilung wurde 1917 eine eigenständige Gesellschaft im Zeppelin-Konzern und er selbst Geschäftsführer. Fortan konstruierte er Flugzeuge, etwa die »Dornier Delphin I«, die 1920 ihren Erstflug hatte. In den späten 1920er-Jahren erwarben ausländische Firmen Lizenzen und trugen den Ruhm der deutschen Ingenieurskunst in die weite Welt. Wegen des Versailler Vertrags, die der Weimarer Republik Rüstungsbetriebe verbot, wurden Firmenanteile ins Ausland verkauft oder dort Flugzeugteile entwickelt. Nachdem Dornier 1932 alleiniger Eigentümer der »Dornier Metallbauten GmbH« geworden war, stellte man während der Nazizeit die Flugzeugentwicklung auf Rüstung um. Die Flugzeuge wurden ab 1939 kriegswichtig. Die »Do 24« etwa wurde in 217 Ex-

Legendärer Flieger: Do 31.

emplaren an die Luftwaffe geliefert und zum wichtigsten Flugkörper der Seenotstaffeln an den Küsten des besetzten Europas. Die Firma hielt damals einige Rekorde. Der Mehrzweckjäger »Do 335 Pfeil« etwa war mit 765 Kilometer in der Stunde schnellstes kolbenmotorgetriebenes Serienflugzeug der Welt. Von ihm existiert heute nur noch ein Exemplar.

Nach dem Krieg und der Zerstörung des Werks in Friedrichshafen-Manzell startete das Unternehmen an verschiedenen Orten neu, unter anderem in Lindau und Immenstaad. Zunächst produzierte man Kurzstartflugzeuge

und Senkrechtstarter, hinzu kamen Großaufträge für die NATO und die Bundeswehr oder aber Reparaturarbeiten für »Lockheed C-130«-Flugzeuge afrikanischer Staaten. Claude Dornier starb 1969, eine Erbengemeinschaft teilte sich den Besitz. Auch beim Automobil- und Motorsport sowie im Textilmaschinenbau erwarb man sich Meriten. Bedeutend wurde Dornier als Entwickler von wissenschaftlichen Satelliten und Raumsonden. Dornier formierte weitere Unternehmenszweige, etwa in der Kontrolltechnik für Kernkraftwerke sowie in der Solar- und der Medizintechnik.

Als es zu Erbstreitigkeiten kam, vermittelte Baden-Württembergs damaliger Ministerpräsident Lothar Späth, was zur Folge hatte, dass die Daimler-Benz AG die Mehrheit übernahm. Dornier bekam einen neuen Schwerpunkt im Fahrzeugbau, die Forschung etwa arbeitete an der Entwicklung von wasserstoffgetriebenen Autos.

Die weitere Entwicklung der Firma war kompliziert. Erst wuchs und gedieh der Mischkonzern, dann geriet Daimler und damit auch Dornier in eine Krise, auch wegen des Endes des Kalten Krieges 1989 – die Rüstung wurde drastisch zurückgefahren. In allen Sparten gab es Verlagerungen, Werkschließungen und Umorganisationen. Die Dornier-Erben und Daimler-Benz führten Prozesse. Am Ende wurde Dornier in den DASA- und später in den EADS-Konzern überführt.

In die Luftfahrtgeschichte ging vor allem das Flugboot von Dornier »Do X« ein. Es wurde nach dem Ersten Weltkrieg entwickelt und 1929 schließlich gebaut. Die »Do X« war damals das größte Flugzeug der Welt. Die Nazis ließen den Bau jedoch einstellen, nicht nur wegen mangelnder Wirtschaftlichkeit, sondern auch, weil sich das Flugboot aus ihrer Sicht nicht für eine militärische Verwendung eignete. Das 40 Meter lange Flugzeug hatte eine Spannweite von 48 Metern und konnte 166 Passagiere befördern. Erst zwanzig Jahre später baute Lockheed ein Flugzeug für mehr Passagiere. Einige der historischen Flugzeuge sind heute im Dornier-Museum in Friedrichshafen zu bewundern. Beim Publikum und bei Touristen beliebt ist das »Fliegende Museum«. Jeweils an einem Wochenende im August lädt das Museum dann historische Maschinen zu den »Do-Days« ein, die im Außenbereich bestaunt werden können. Interessierte können auch Rundflüge buchen. Mit der »Tante Ju«, der »Ju 52« oder der Dornier »Do 27«. Im Museum selbst sind neben einigen historischen Flugzeugen Motoren etwa von Rolls-Royce, Satelliten, Drohnen und Textilmaschinen zu sehen. Seit 2017 ist auch die restaurierte Boeing 737 »Landshut« ausgestellt, die 1977 Schauplatz einer spektakulären Entführung durch palästinensische Terroristen wurde. Die GSG-9 befreite damals die Passagiere auf dem Flughafen von Mogadischu.

Immer eine gute Suppe – Maggi in Singen

Es war die Zeit der Industrialisierung. Gemüsebauern und Mühlbetriebe gerieten in Schwierigkeiten. Gleichzeitig wurden die Arbeiter in den Fabriken ausgebeutet, Kantinen verabreichten minderwertiges, billiges Essen. Mangelernährung und damit verbundene Krankheiten sowie eine hohe Kindersterblichkeit waren verbreitet. Julius Maggi, Sohn eines Mül-

lers, geboren 1846 in Frauenfeld, experimentierte zunächst mit der Auf-
bereitung von nahrhaften Hülsenfrüchten, um den Missständen zu be-
gegnen. 1872 gründete er eine auf seinen Namen lautende Firma, erste
Mehlsorten basierend auf eiweißreichen Hülsenfrüchten kamen 1885 auf
den Markt. Ein Jahr später waren es Fertigsuppen und die berühmte Mag-
gi-Würze. Das Werk in Singen am Hohentwiel wurde 1887 gegründet und
zum Stammwerk. Der legendäre Brühwürfel ist seit 1908 Liebling der Kö-
che. Julius Maggi war aber nicht nur Pionier der Lebensmittelindustrie,
sondern führte umfangreiche Sozialleistungen ein: Wohnungen für seine
Arbeiter, eine Krankenkasse, Alters- und Witwenrente, außerdem den ar-
beitsfreien Samstag (1906). Nach einem Streik im Singener Werk sorgte
er 1907 für die Gründung eines »Arbeiterausschusses«, eine frühe Form
des Betriebsrates, 1912 kam es zum Abschluss des ersten Tarifvertrags
in der deutschen Ernährungsindustrie überhaupt. Im gleichen Jahr starb
der Firmengründer. In der Nazizeit galt Maggi als »nationalsozialistischer
Musterbetrieb«, Rudolf Weiß, ein Adolf Hitler nahestehender Nazi, übernahm die Leitung. 1947 wurde Maggi mit Nestlé fusioniert – Maggi sollte
»degermanisiert«werden. Bis heute ist die Marke aber eigenständig geblieben und eine der bekanntesten deutschen Marken überhaupt. Slogans wie

**»Etwas Warmes
braucht der
Mensch.« –
Nicht nur am
Bodensee.**

»Etwas Warmes braucht der Mensch« und »Immer eine gute Suppe« haben sich ins kollektive Gedächtnis eingeprägt. Kuriosum am Rande: Bereits 1886 führte Maggi ein eigenes Presse- und Werbebüro ein. Julius Maggi stellte dafür einen 22-Jährigen ein, der später als Schriftsteller Weltruhm erlangte, nämlich Frank Wedekind. Er blieb ein Jahr und verfasste in dieser Zeit 150 Werbetexte. Wie erfolgreich Maggi-Produkte weltweit sind, mag eine Zahl veranschaulichen: Allein in Zentral- und Westafrika werden pro Jahr 36 Milliarden Maggi-Bouillonwürfel verkauft. Singen ist längst nicht mehr einziger Produktionsstandort, das moderne Fabrikgebäude sowie das historische Stammwerk prägen jedoch das Stadtbild.

Kult oder Liebestöter – Schiesser-Unterwäsche

Mit der Unterwäsche der *Schiesser AG* mit Sitz in Radolfzell verbindet so mancher wenig erotische Feinripp-Unterwäsche. Diese Zeiten sind jedoch passé.

Gegründet wurde das Unternehmen 1875. Wie viele Textilunternehmen hat auch *Schiesser* eine wechselvolle Geschichte, gerade in jüngster Zeit, in der Textilien vor allem in Fernost gefertigt werden. 2009 musste *Schiesser* Insolvenz anmelden, überstand das Verfahren, wurde aber nach einem abgesagten Börsengang 2012 an den israelischen Konkurrenten *Delta Galil* verkauft.

Unternehmensgründer war der aus dem Kanton Glarus stammende Fabrikant Jacques Schiesser. Seine Haushälterin empfahl ihm Radolfzell als Standort. Sie wollte nicht, wie ursprünglich ihr Chef, nach Ostpreußen umsiedeln. Schiesser und seine Frau mieteten den Tanzsaal eines Gasthauses an und fertigten dort Trikotagen. Der Aufstieg erfolgte rasch, fünf Jahre später hatte das Unternehmen in einer eigenen Fabrikhalle 280 Mitarbeiter. Schiesser führte eine Betriebskrankenkasse ein (1884), gründete eine eigene Sparkasse sowie ein Ferien- und Erholungsheim im Allgäu (1893). Die Firma eröffnete Filialen in Stockach, Engen sowie Bukarest und exportierte weltweit. 1913 starb der Firmengründer. Er hinterließ einen »Global Player«, der auf der Weltausstellung 1901 für die Patente »Flechttrikot«, »Damasttrikot«, »Abhärtungswäsche aus Ramieleinen« und »Längsstreifen-Trikotagen« prämiert worden war. In den Jahrzehnten zwischen dem Ersten und dem Ende des Zweiten Weltkrieges ging es auf und ab. 1916 musste für das Heer gefertigt werden, weshalb der Export zum Erliegen kam. Als die Inflation 1923 am heftigsten tobte, brachte die Firma »Schiesser-Feinripp« auf den Markt, trotzdem drohte ihr als Folge der Weltwirtschaftskrise 1932 erstmals der Konkurs. Im Zweiten Weltkrieg wurde wieder auf Kriegsproduktion umgestellt, zum Kriegsende zwang Rohstoffmangel *Schiesser* fast zur völligen Aufgabe der Produktion. Mit der Währungsreform erfolgte ein rascher Wiederaufstieg, Produktionsstätten in ganz Europa wurden eröffnet. Im Jahr des 100. Geburtstags 1975 wurden 38 Millionen Stück Unterwäsche produziert. Nach der Erweiterung des Programms auf Tagesbekleidung in den 1970er Jahren stieg der Umsatz bis zur Wiedervereinigung 1990 auf über eine halbe Milliarde D-Mark. Nach verschiedenen Übernahmen war *Schiesser* in der Folgezeit der umsatzstärkste Hersteller von Unterwäsche in Europa, bevor ab Mitte der 1990er-Jahre die Textilkrise Produktionsverlagerungen nach Osteuropa, Werksschließungen und Entlassungen mit sich brachte. Nach der Jahrtausendwende fertigte *Schiesser* für verschiedene andere Marken wie *Ralph Lauren, Tommy Hilfiger, Puma* oder *Strellson*. Misswirtschaft und wenig rentable Lizenzverträge führten 2008 zu weiteren Sparmaßnahmen. 2009 waren weltweit noch 2300 Stellen übrig, davon 500 im Stammwerk in Radolfzell. Im Insolvenzverfahren beschlossen die Gläubiger, *Schiesser* zu erhalten und zu verkaufen, weiteren 400 Mitarbeitern wurde gekündigt. Heute produziert *Schiesser* neben Unterwäsche für Erwachsene und Kinder auch Bademode und eine »hochpreisige« und erfolgreiche Wäscheserie im Retro-Look nach eigenen, »historischen« Modellen. Der ehemalige »Liebestöter« ist Kult geworden.

Das liebe Geld – Die erste Sparkasse Deutschlands und die älteste Bank der Schweiz

Auch rund um den Bodensee gab es von jeher bitterarme Menschen. Besonders der Dreißigjährige Krieg hatte verheerende Auswirkungen. Hungersnöte und Seuchen dezimierten die Bevölkerung in Süddeutschland auf ein Drittel. Die Gegend erholte sich im 18. Jahrhundert langsam, die Lebenserwartung lag dort aber noch unter dem Durchschnitt von circa 40 Jahren. Nur jedes dritte Neugeborene erreichte das Erwachsenenalter. Viele Kinder verwaisten und wurden von Verwandten oder in Heimen aufgezogen. Um den Kindern das Erbe ihrer Eltern zu sichern, richtete der Salemer Abt Anselm II. 1749 eine »Zentrale Waisen-Cassa« ein. Dort musste das Erbe eingezahlt werden. Bereits nach einem Jahr wurden erste Kredite vergeben, etwas später wurde diese erste Sparkasse Deutschlands für jeden Bürger Salems geöffnet. Fast wäre sie bankrott gegangen, als das Geldinstitut nämlich nach der Säkularisation an das Haus Baden überging und damit auch die Schwierigkeiten mit Kreditnehmern. Zeitweise beschränkte sich die Sparkasse wieder auf die Einlage von Waisengeldern. Bis im Jahr

ANSELMUS II.
Abb. in Salem
Sacra Caesarea & Regia
Majestatum
Consiliarius Actualis Intimus
Æt.38.
Elect.1746. 6 Jun.

Juramentum susceptum

1838 die Bürgermeister der Region dafür sorgten, dass eine allgemeine Spar- und Leihkasse eingerichtet wurde, für die alle beteiligten Gemeinden garantierten.

Bereits acht Jahre vor der segensreichen Idee des Abtes Anselm II., nämlich 1741, wurde die älteste noch bestehende Bank der Schweiz gegründet, *Wegelin & Co.* mit Sitz in Sankt Gallen. Die Gründung erfolgte freilich aus ganz anderen Motiven. Der Unternehmer Caspar Zyli (1717–1758) betrieb die Firma »Leinentuchhandel und Speditionshandlung« und wickelte auch Bankgeschäfte ab. Ab 1860 konzentrierte sich das Unternehmen unter der Ägide von Zylis Neffen Emil Wegelin-Wild auf die Vermögensverwaltung. Nach einer wechselvollen Geschichte brachte ein US-Richter im Jahr 2013 die Bank an ihr Ende, und zwar im Rahmen des Steuerstreites zwischen der Schweiz und den USA. Anfang 2013 akzeptierte *Wegelin & Co.* eine Strafe von 74 Millionen US-Dollar und bekannte sich in einem Vergleich der Steuerhinterziehung für schuldig. Das Bankgeschäft wurde eingestellt, Kunden, Geschäftsstellen und das gesamte Personal wurden von der *Raiffeisen Schweiz* übernommen. Typisch Deutschland, typisch Schweiz, möchte man sagen: hier die biedere Sparkasse, dort das große Zocken samt Bauchlandung.

Gegenüberliegende Seite: Sparkassengründer und Abt – Anselm II.

Napoleon III., der Kaiser von Schloss Arenenberg

Im Alter von sieben Jahren kam Louis Napoléon Bonaparte an den Bodensee. Seine Mutter, Königin Hortense Beauharnais, hatte den Bruder Napoleons I. geheiratet; nach dessen Sturz anno 1815 flüchtete sie mit dem kleinen Louis Napoléon aus Paris. Monatelang irrten die beiden durch Frankreich und die Schweiz. In Konstanz wollten sie bleiben: Hortense erwarb ein Anwesen in der Stadt, doch auf Druck der Siegermächte England, Russland und Preußen wurde die Französin vom badischen Großherzog des Landes verwiesen. In der Schweiz, nur ein paar Kilometer den Seerhein entlang, fanden Mutter und Sohn ihre neue Heimat: Schloss Arenenberg. Louis Napoléon lernte bald perfekt Deutsch – mit alemannischem Einschlag. Die Mutter wollte ihn zum künftigen Kaiser erziehen. Über seinem Bett ließ sie ein Gemälde seines Onkels Napoleon I. aufhängen, fertigte ihm einen überdimensionalen Napoleonhut und steckte ihn als Ehrenkadetten in die Konstanzer Garnison. Als junger Mann galt Louis Napoléon als Draufgänger. Gerade mal 1,60 Meter groß, liebte er das Fechten und Schießen, vollführte Reitkunststücke, ging im Winter Schlittschuhlaufen und durchschwamm den See hinüber zur Reichenau. Ein Partylöwe war er, ein Schürzenjäger, der zahlreiche uneheliche Kinder zeugte. Um ihnen

Unterhalt und eine Ausbildung zu sichern, verteilte er als Erkennungs-
zeichen Kupferringe an die Mütter. Viele Bewohner des Konstanzer Um-
landes besitzen noch heute einen solchen Ring und weisen sich damit als
Napoleon-Nachfolger aus – ob alle Ringe echt sind, bleibt dahingestellt. In
Konstanz kursieren Geschichten vom Prinzen, der aus Arenenberg hinab
in die Stadt ritt, regelmäßig wegen Schnellreitens Strafe zahlen musste
und den Stadtwächtern gleich das Doppelte an Münzen hinwarf, damit es
auch für den Rückweg reichte.

Louis Napoléon zeigte sich willens, seinem großen Onkel nachzu-
eifern. Nach mehreren missglückten Putschversuchen wurde er Ende
des Jahres 1848 in Paris zum Ersten Präsidenten der Zweiten Republik
gewählt. Kurz vor Ende seiner Amtszeit im Jahr 1851 führte er einen

Hier lernte
ein Kaiser
Deutsch –
Schloss
Arenenberg,
Jugendhaus
Napoleons III.

Staatsstreich durch. Eine Volksabstimmung über eine neue Verfassung räumte Louis Napoléon diktatorische Vollmachten ein. Ein Jahr später ließ er sich zum Kaiser Napoleon III. ausrufen und erfüllte damit die Träume seiner Mutter.

Arenenberg, das Haus seiner Jugend, das sich als »schönstes Schloss am Bodensee« bezeichnet, ist mittlerweile ein Museum. Noch heute stehen in seinen Räumen Originalmöbel der einstigen Bewohner. Besucher können das Leben und Wirken der Bonaparte-Familie nachverfolgen und erfahren, wie das Schloss zur Zeit Hortenses zum Treffpunkt für Künstler und Revolutionäre aus ganz Europa wurde. Der rund zwölf Hektar große Park ums Haus ist selbst ein Kulturdenkmal europäischen Rangs; im Jahr 1834 wurde er von Königin Hortense persönlich in Auftrag gegeben und von Hermann von Pückler-Muskau gestaltet. 2017 eröffnete der Napoleonturm im schweizerischen Wäldi. Mit atemberaubendem 360-Grad-Panoramablick über Berge und See.

Am Puls der Zeit – Das Institut für Demoskopie Allensbach

Direkt am Bodenseeufer mit Blick auf die Insel Reichenau liegt das beschauliche Örtlein Allensbach. Hier gründete die Kommunikationswissenschaftlerin Elisabeth Noelle-Neumann mit ihrem Gatten, dem Journalisten und CDU-Mitglied Erich Peter Neumann, im Jahr 1947 das Allensbacher Institut für Demoskopie. Es ist das älteste Umfrage-Institut im Land: Seit mehr als 70 Jahren nimmt es die deutschen Vorlieben, Meinungen und Befindlichkeiten unter die Lupe. Großen politischen Streitfragen gehen die über 90 festangestellten und 1400 freien Mitarbeiter ebenso auf den Grund wie kleinen Alltagssorgen. Da wird beispielsweise ermittelt, wie glücklich sich die Deutschen fühlen, wie oft sie zum Arzt gehen oder ob sie Gartenzwerge mögen (die Mehrheit antwortete übrigens mit »Ja«). Auf diese Weise geraten Umfragen zu regelrechten Schnappschüssen der Gesellschaft.

Die Meinungsforschungs-Pionierin Elisabeth Noelle-Neumann war zunächst nicht unumstritten, hatte sie doch zur Nazi-Zeit für eine von Joseph Goebbels herausgegebene Wochenzeitung geschrieben. Später warf man ihr Nähe zur CDU vor, als deren »Haus-Demoskopin« sie bezeichnet wurde. 1980 machte Noelle-Neumann mit ihrer Theorie der »Schweigespirale« Furore, wonach eine offensiv vertretene Überzeugung als Mehrheitsmeinung wahrgenommen wird, während Anhänger der scheinbaren Minderheitsmeinung verstummen. Ein Granitblock in Noelle-Neumanns Garten verkündet mit den Worten des deutschen Barockdichters Paul Fleming, was bis zu ihrem Tod im Alter von 93 Jahren ihr Lebensmotto blieb: »Wer sein selbst Meister ist und sich beherrschen kann, dem ist die weite Welt und alles untertan.«

Und doch teilte Noelle-Neumann ihre Macht. Im Jahr 1988 übernahm Renate Köcher die Leitung des Allensbacher Instituts. Auch unter der neuen Chefin wurde die monatlich aktualisierte Sonntagsfrage gestellt: »Was würden Sie wählen, wenn am Sonntag Bundestagswahl wäre?« Trotz Pannen – zum Beispiel in den 1990er-Jahren bei Landtagswahlen in Baden-Württemberg, als das Institut die Werte der Republikaner zu niedrig ansetzte – genießt Allensbach nach wie vor den Ruf großer Genauigkeit. Gerade bei Wahlumfragen werden die Voraussagen zunehmend kniffliger, bezeichnen sich doch bis zu 70 Prozent der Bürger heute als Wechselwähler!

Ältestes Satiremagazin der Welt –
Der »Nebelspalter« aus dem Thurgau

Anno 1875 gründete der Schweizer Redakteur und Journalist Jean Nötzli ein »illustriertes humoristisch-politisches Wochenblatt«, um die Auswüchse internationaler und Schweizer Politik auf die Schippe zu nehmen. Seine neue Zeitschrift nannte er den »Nebelspalter«. Nebel gibt es zwischen Bodenseeregion und Zürich mehr als genug, da sollte wenigstens ein Satiremagazin für klaren Blick sorgen.

Bestechend klar war dieser Blick zur Zeit des Nationalsozialismus; mittlerweile lief der »Nebelspalter« unter der Ägide des Rorschacher Verlegers Ernst Löpfe-Benz. Weil es so scharf über die NS-Größen spottete, wurde das Satireblatt 1933 im Deutschen Reich verboten. Auch die Schweizer Mitläufer wurden im »Nebelspalter« angeprangert, und nach dem Elser-Attentat auf Adolf Hitler war er eins der wenigen Blätter in der Schweiz, das sich seine kritische Distanz erhielt. Die bürgerliche Schweizer Presse berichtete eher systemkonform über das Attentat. Der »Nebelspalter« hingegen sah sich als »Speerspitze der geistigen Landesverteidigung«, und viele Schweizer sahen das genauso. Die Auflage des »Nebi«, wie sie ihn liebevoll nannten, schnellte zwischen 1925 und 1945 von rund vierhundert auf dreißigtausend Exemplare hoch.

In den siebziger Jahren lag die Auflage bei siebzigtausend. Bekannte Zeichner wie René Gilsi, Fritz Behrendt, Horst Haitzinger und Satiriker wie César Keiser, Franz Hohler, Peter Stamm oder Linard Bardill arbeiteten für das Blatt.

In den neunziger Jahren versuchte der damals 26-jährige Chefredakteur Iwan Raschle, den »Nebelspalter« im Stil der Frankfurter »Titanic« neu auszurichten. Das überforderte die überalterte Leserschaft. Die Satire sei eine zu ernste Sache, als dass man sie Lausbuben überlassen könne, hieß es. Die Auflage sank auf achttausend Exemplare, das Aus drohte. In letzter Minute wurde das Magazin vom Thurgauer Verleger Thomas Engeli übernommen. Neue Schweizer Satiriker, darunter Andreas Thiel, Simon Enzler, Lisa Catena oder Hans Suter, stießen zum Team.

Heute erscheint der »Nebelspalter«, dessen Titel in weißer Frakturschrift auf rotem Grund recht anachronistisch wirkt, einmal pro Monat. Als das französische Magazin »Charlie Hebdo« im Jahr 2012 Mohammed-Karikaturen publizierte, entschied man sich beim »Nebelspalter« bewusst dagegen. »Tabubruch zum Selbstzweck ist nicht unser Satire-Verständnis«, hieß es. Solche Sturheit scheint dem »Nebelspalter« zu bekommen: Mit seinen über 140 Jahren ist er mittlerweile das älteste Satireblatt der Welt.

Älteste Surfschule der Welt – Der Konstanzer »Surf-Bauch«

Ausgerechnet am Bodensee, für seine Flauten und Föhnstürme berüchtigt, entstand die erste Windsurfschule der Welt. Der aus Berlin stammende Maschinenbauingenieur Helmut Bauch, Jahrgang 1943, entdeckte das Windsurfen bei einer Segel-WM am Ontariosee für sich. Unverzüglich nahm er ein paar Bretter mit nach Deutschland und besurfte zum Erstaunen der Einheimischen den Bodensee. Bald fragten ihn interessierte Schaulustige, was es denn mit dieser »Stehsegelei« auf sich habe. Dass der Mast unten auf dem Brett ein Gelenk hat, verblüffte Profisegler und Laien gleichermaßen. »Jetzt ist schon wieder der Mast abgebrochen«, lautete ein häufiger Zuschauerkommentar jener Tage. Noch häufiger kamen Interessenten zu Helmut Bauch, die das Windsurfen erlernen wollten. Also gründete er anno 1973 in Konstanz seine Windsurfschule. Kurz darauf wurde er Gründungsmitglied des offiziellen Schulverbandes VDWS mit Surflehrerausbildung und Prüflizenz. Ein Exot war er damals, ein Pionier, der heute selbst von amtlichen Surflegenden gewürdigt wird. Zum 40. Jubiläum schickte der vielfache Windsurf-Weltmeister Robby Naish dem »Surf-Bauch« eine Videobotschaft. Sogar das Landesdenkmalamt Baden-Württemberg wurde auf die legendäre Surfschule aufmerksam und nahm sie für den Tag des Offenen Denkmals 2015 ins Programm. In einer extra für diesen Tag eingerichteten Ausstellung zeigte Helmut Bauch seine ganz persönliche Hall of Fame: Bretter und Segel aus alten Tagen etwa oder einen »Windglider«, der bei der Olympiade 1984 in Los Angeles dabei war.

Heute noch kommen die Menschen zu Helmut Bauch, um das Surfen zu lernen. Dabei hat er längst die nächste Funsportart an den Bodensee geholt: Stand-up-Paddling. Auch hierfür gibt es Kurse, schließlich gilt beim SUP wie beim Windsurfen: Es ist noch kein Meister vom Himmel gefallen, aber schon viele vom Brett.

Der älteste Fußballverein Kontinentaleuropas – Der FC Sankt Gallen

Es war ein Meilenstein der Sportgeschichte: Am 19. April 1879 wurde der FC Sankt Gallen gegründet. Er ist damit nicht nur der älteste Fußballverein der Schweiz, sondern auch Kontinentaleuropas. Das »Sankt Galler Tageblatt« vermerkt die Gründung eines Fußballvereins im Restaurant Hörnli an der Neugasse. Einige Engländer, die in Rorschach zur Schule gingen, hatte eine Handvoll Schweizer Jungs mit dem Fußballvirus infiziert. Trainiert wurde – laut Protokollen – jeden Mittag und abends vor Einbruch der Dunkelheit. Zu Beginn hielt man sich wenig an die inzwischen aufgestellten internationalen Regeln – die Tore waren etwa um die Hälfte kleiner. Beim ältesten dokumentierten Wettkampf am 1. Mai 1892 verloren die Sankt Galler gegen die Grasshoppers Zürich mit 0 : 1. Die Zürcher legten Beschwerde ein wegen der zu kleinen Tore. Beim Rückspiel in Zürich trafen die Sankt Gallener in die für ihre Verhältnisse riesigen Tore und blamierten die Zürcher mit einem 0 : 6. In der weiteren Geschichte des kontinentalen Fußballs spielte Sankt Gallen – in der Schweiz eine der beliebtesten Mannschaften, gemessen an den Zuschauerzahlen – keine große Rolle mehr. Schweizer Meister wurden sie zweimal (1904 und 2000), Schweizer-Cup- und Ligacupsieger je einmal (1969 und 1978). In der ewigen Tabelle der Schweizer Super League rangiert der Verein bei Redaktionsschluss auf Rang sieben. Internationale Erfolge hat der Verein keine aufzuweisen, außer einigen Wettbewerbsteilnahmen (etwa beim UEFA-Cup). In den letzten Jahren hatte der Traditionsverein einige herbe Niederlagen zu verdauen, etwa ein 0:7 gegen den FC Basel im eigenen Stadion (17. April 2016). Bei Sankt Gallen spielte neben diversen Schweizer und internationalen Nationalspielern auch Armin Veh, der spätere Meistertrainer des VfB Stuttgart.

Die größte Dichte an Nobelpreisträgern

Die Elite der Welt trifft sich in Lindau. Genauer gesagt, versammeln sich einmal pro Jahr dreißig bis vierzig Nobelpreisträger zu ihrer inzwischen legendären Tagung. Begonnen hat alles im Jahr 1951. Nach dem Ende des Naziregimes war Deutschland vom internationalen Wissenschaftsbetrieb weitgehend isoliert. Zwei Lindauer Ärzte – Gustav Parade und Franz Karl Hein – hatten eine Idee und nutzten ihre guten Beziehungen zu Graf Lennart Bernadotte. Der wiederum wandte sich als Mitglied des schwedischen Königshauses mit der Idee der beiden Ärzte an das Nobelkomitee mit Bitte um Unterstützung. So fand das erste Treffen im Jahr 1951 mit sieben Nobelpreisträgern statt und widmete sich der Medizin und Physiologie. Die Themenfelder wurden rasch erweitert, 1954 wurde ein Kuratorium gegründet, erster Präsident war der schwedische Graf. Die Versammlung wuchs zu einer internationalen Konferenz, immer mehr junge Wissenschaftler aus aller Welt nahmen teil, seit der Jahrtausendwende tagen circa 80 bis 90 Jungakademiker und 30 bis 40 Nobelpreisträger. Im Jahr 2000 gründete die damalige Präsidentin Gräfin Sonja Bernadotte eine Stiftung, um die künftige Finanzierung zu sichern. Nach dem Tod der Gräfin im Jahr 2008 übernahm ihre Tochter Bettina die Präsidentschaft. Sie führte 2009 einen »International Day« ein, der einem Gastland gewidmet ist. Ein Rahmenprogramm mit Politikern und Industriellen, unter anderem auf der Insel Mainau, sorgt nicht nur für Glanz und Glamour, sondern auch für ein internationales »Networking« unter den Wissenschaftskoryphäen. 1955, während der 5. Tagung, initiierten die beiden Physiknobelpreisträger Otto Hahn und Max Born die »Mainauer Deklaration« gegen Atomwaffen, die insgesamt von 50 weiteren

Preisträgern unterzeichnet wurde. 2015 gingen die Wissenschaftler mit einer zweiten Deklaration an die Öffentlichkeit. Diesmal mahnten 71 Unterzeichner den Klimaschutz an.

Umwelt, Gesundheit, Künstlerbegegnungen – Die »Internationale Bodensee Konferenz« regelt (fast) alles

Früher prügelte man sich oder führte Kriege, wenn es um die Interessen rund um den Bodensee ging. Im Jahr 1972 schlossen sich die angrenzenden Bundesländer, Kantone sowie das Fürstentum Liechtenstein zur »Internationalen Bodensee Konferenz« (IBK) zusammen. Zunächst sollten gemeinsame Umweltfragen geklärt werden, doch inzwischen bespricht man nahezu alle gesellschaftlichen Themen von Bildung, Wirtschaft über Gesundheit bis zu Sozialem. Die IBK ist in verschiedene Gremien gegliedert, ganz oben rangieren die Regierungschefs, die unter anderem das Budget festlegen. Der darunter angesiedelte »Ständige Ausschuss« ist das ausführende Organ, das dreimal jährlich tagt und Arbeitsgruppen einsetzt. Eine davon ist beispielsweise zuständig für »Klima und Energie«. Der Vorsitz wechselt jährlich, 2017 hatte ihn das Fürstentum Liechtenstein. Die Geschäftsstelle des IBK hat ihren Sitz in Konstanz und untersteht dem Regierungspräsidium Freiburg. Was recht verwaltungstechnisch klingt, brachte konkrete Projekte hervor, etwa die »Internationale Bodensee-Hochschule« oder die »Bodensee-Agenda 21«. Sie soll die Ergebnisse des Umweltgipfels von Rio de Janeiro regional umsetzen. Auch Künstlerbegegnungen oder die jährliche Nobelpreisträgertagung in Lindau werden von der IBK unterstützt.

»Schwimmende Brücke« zwischen Konstanz und Meersburg

Zu Beginn des Ersten Weltkriegs wurde die deutsche Grenze zur Schweiz geschlossen. Dies hatte besonders für die Stadt Konstanz verheerende wirtschaftliche Folgen, da sie sich von ihrem Hinterland, dem eidgenössischen Thurgau, radikal abgeschnitten sah. Nach dem Krieg beschlossen die Konstanzer daher, sich verstärkt in Richtung nördliches Bodenseeufer

zu orientieren. Am besten mit einer Autofähre. Vor allem der damalige Technische Bürgermeister Fritz Arnold trieb die Idee voran, obwohl die Reichsbahn Konkurrenz für ihre Personenschiffe befürchtete – und mancher Händler Rivalen von der anderen Seeseite. Die umliegenden Städte sprachen dem Projekt jegliche Wirtschaftlichkeit ab. Es gab auch keinen Investor für die Fähre. Also musste die Stadt Konstanz selbst zur Unternehmerin werden. Für 600 000 Reichsmark ließ man bei der Bodan-Werft

Hin und her zwischen Meersburg und Konstanz.

ein »Kraftwagen-Fährschiff« bauen, das vorne und hinten je einen Führerstand hatte und daher auf dem Wasser nicht wenden musste. Der Leiter des städtischen Tiefbauamtes konstruierte eigens einen höhenverstellbaren Landesteg – inzwischen selbst ein technisches Kulturdenkmal. 15 PKW fasste die erste Fähre damals, es gab kleine Aufenthaltsräume, wo sich die Fahrgäste bei schlechtem Wetter unterstellen konnten. Im September 1928 nahm man den Fährbetrieb zwischen Konstanz-Staad und Meersburg auf; entgegen allen Unkenrufen wurde die Linie sofort zum großen Erfolg. Wenige Wochen nach Inbetriebnahme dachten die Konstanzer bereits über ein zweites Fährschiff nach.

Heutzutage ist die »Schwimmende Brücke« zwischen Konstanz und Meersburg nicht mehr wegzudenken. Allein im Jahr 2016 brachten insgesamt sechs Fährschiffe 4,22 Millionen Fahrgäste über den See. In den nuller Jahren wurde das Design der Fähren grundlegend modernisiert: Die zwei neuesten Schiffe *Tábor* und *Lodi* erinnern mit ihren großen Glasflächen und hohen Bögen selbst an geschwungene Brücken, von deren Kühnheit der Visionär Fritz Arnold begeistert gewesen wäre. Seine kleine »Urfähre« von 1928 existiert noch: Ein engagierter Verein hat sie in unzähligen privaten Arbeitsstunden unter Förderung verschiedener Denkmalstiftungen wieder fahrtüchtig gemacht und einen neuen umweltgerechten Motor eingebaut. Heute wird die »Alte Fähre« für Veranstaltungen und Ausfahrten genutzt; ist sie nicht im Dienst, so liegt sie in den Sommermonaten direkt unter der Imperia-Statue im Konstanzer Hafen. Hier können Einheimische und Touristen bei schönem Wetter Eis und Getränke genießen, sich dem leichten Wellengang überlassen und entspannt auf Alpen und See hinausblinzeln.

Weitgereistes Trinkwasser –
Die Bodensee-Wasserversorgung in Sipplingen

Bei Sipplingen liegt ein etwa 8,4 Quadratkilometer großes Wasserschutzgebiet, markiert durch rotweiße Bojen. Wasserfahrzeuge dürfen es nicht befahren, für Schwimmer und Taucher ist der Bereich ebenfalls tabu. Am Ufer dürfen keine gefährlichen Stoffe transportiert werden. Das hat seinen Grund: Von hier aus werden rund vier Millionen Menschen mit Trinkwasser beliefert. Nicht nur in Seegemeinden, auch auf der Schwäbischen Alb und sogar in Stuttgart kommt »der Bodensee durch den Wasserhahn«.

Im Jahr 1954 taten sich 13 Gemeinden zusammen, um den Zweckverband Bodensee-Wasserversorgung zu gründen. So sollte der geologisch bedingte Wassermangel in weiten Teilen Baden-Württembergs gedeckt

werden. Mittlerweile ist der Verband der größte Fernwasserversorger Deutschlands und bedient etwa 320 Städte und Gemeinden.

Am Bodensee-
wasser laben
sich die
Schwaben.

Bei Sipplingen wird das Wasser dem Bodensee entnommen – aus einer Tiefe von 60 Metern. Hier ist das Wasser sehr sauber und kalt. Sechs Pumpen befördern es hoch zur Aufbereitungsanlage auf dem Sipplinger Berg, etwa 300 Meter überm See. Dort sprudelt das noch grünlich schimmernde Wasser in den Quelltopf, um per Mikrosieb, Ozon und Sandfiltern von Algen, Bakterien, Keimen und Kleinteilchen befreit zu werden. Danach wird das so entstandene Trinkwasser auf eine weite Reise geschickt. Fernleitungen führen es unter der Schwäbischen Alb hindurch in Städte und Dörfer. Bis das kühle Nass ganz im Norden Baden-Württembergs ankommt, fließt es länger als eine Woche. Zu höher gelegenen Gemeinden im Schwarzwald, auf der Schwäbischen Alb und im Odenwald muss es gepumpt werden.

149 Städte und Gemeinden und 34 andere Wasserversorger sind Mitglieder des Zweckverbands Bodensee-Wasserversorgung. Sie fungieren als

Kunden und Eigentümer gleichermaßen. Als Kunden werden sie mit Wasser beliefert, als Eigentümer finanzieren sie den Verband mit dem Preis, den sie fürs Wasser zahlen. Der lag im Jahr 2016 bei durchschnittlich 56,4 Cent pro 1000 Liter. Als Zweckverband darf die Bodensee-Wasserversorgung keinen Gewinn erwirtschaften.

Durchs Wasserwerk auf dem Sipplinger Berg werden in den Sommermonaten kostenlose Führungen angeboten.

Das Gegenteil von gut ist gut gemeint – Das Scheitern der Kunstsprache Volapük

Die einzige Kunstsprache, die nennenswerte Verbreitung fand, ist bekanntermaßen Esperanto. In den Jahren 1879 und 1880 erfand der Konstanzer Pfarrer und Dichter Johann Martin Schleyer (1831–1912) jedoch eine weitere Plansprache. »Völkerdolmetsch« nannte er einen ersten Versuch, sechs europäische Sprachen zu kombinieren, doch er scheiterte zunächst, weil es kein einheitliches »Weltalphabet« gibt, sondern verschiedene Schriftsysteme wie das kyrillische oder chinesische. Dann jedoch publizierte Schleyer in einem katholischen Monatsblatt 1879 erste Texte, veröffentlichte einen »Entwurf einer Weltsprache und Weltgrammatik für die Gebildeten aller Völker der Erde«. Schnell formierten sich weltweit Gesellschaften, die sich mit der neuen Sprache befassten, schon 1888 soll es 885 diplomierte Volapük-Lehrer gegeben haben. Bereits nach zwei Jahren erschienen eine Grammatik und ein Wörterbuch mit 2780 Wörtern, Schleyer träumte von einer Menschheit, die eine Sprache spricht – »Volapük« heißt übersetzt Weltsprache. Die Begeisterung wuchs, sogar »Le Temps« befand: »Wenn jemals eine universelle Sprache eine Chance hatte, sich in der Wirtschaftswelt durchzusetzen, dann ist es diese.« Der Wohnsitz des Pfarrers und Erfinders in Konstanz fungierte als »Zentralbureau der Schleyer'schen

Leider nur Kauderwelsch – die Kunstsprache Volapük.

MENADE BAL - PÜKI BAL

EINE MENSCHHEIT-EINE SPRACHE

Apg 2

ZUR ERINNERUNG AN

MSGRE JOHANN MARTIN SCHLEYER

PFARRER IN LITZELSTETTEN v. 1875 – 1885

ERFINDER DER WELTSPRACHE VOLAPÜK

Weltsprache«. Selbst in China und Japan wurden Kurse gegeben, bis zu zwei Millionen Anhänger hatte Volapük nach den ersten zehn Jahren. Das Problem der Sprache war jedoch ihre schwere Erlernbarkeit, obwohl sie mit ihrem Vokabular an europäische Sprachen angelehnt war. Schleyer selbst hielt sich für ein Genie und beherrschte die 1889 in Paris gegründete Volapük-Akademie quasi als Diktator, der sich ein Vetorecht für jede einzelne neue Vokabel vorbehielt. Der Niedergang begann schon 1888, als der Nürnberger Verein zum Esperanto übertrat. Heute gibt es nur noch wenige Menschen, die Volapük sprechen. Auch verschiedene Reformversuche halfen der Kunstsprache nicht zu mehr Bedeutung, obwohl das Vokabular auf 20 000 Wörter anwuchs. Noch immer gibt es eine kleine Bewegung, deren »Cifal« (Chef) seit 2014 der Deutsche Hermann Philipps ist. Ein Kritiker schrieb 1915: »Es herrscht überall Laune und Willkür, es fehlt jede sprachgesetzliche und natürliche Grundlage und jede wissenschaftliche Begründung; Schleyer war ein ›Sprachdichter‹, wie er treffend bezeichnet worden ist.« Im Dänischen wird das Wort »volapyk« synonym gebraucht für unverständliches, elitäres Kauderwelsch.

Komödien, Krimis und Schmonzetten – Drehort Bodensee

Der Bodensee zieht immer wieder Filmteams an, Drehbuchautoren verlegen ihre Geschichten an oder auf den See. Den meisten Fernsehzuschauern noch in Erinnerung dürften die **Konstanzer Tatorte** sein, die in den Jahren 2002 bis 2016 gesendet wurden. Hauptkommissarin Klara Blum (Eva Mattes) ermittelte länderübergreifend mit Kollegen aus der Schweiz. In der Folge »Winternebel« geriet gar Blums Kollege Matteo Lüthi (Roland Koch) von der Schweizer Kriminalpolizei unter Mordverdacht. Mal mischte ein Waffenhändler mit, mal wurde ein namhafter Orchideenzüchter ermordet. Ebenfalls in Konstanz sowie in Langenargen spielt die ARD-Schmonzette **Alles Chefsache** aus dem Jahr 2012. Ein verwitweter Mann auf einem Motorroller wird von einer alleinstehenden Frau angefahren. Das Ende ist absehbar.

Im gleichen Jahr kam der Film **Schwestern** in die Kinos. Familie Kerkhoff versammelt sich an einem Sommertag, um zu feiern und nachzudenken, denn die jüngste Tochter hat sich entschlossen, ins Kloster zu gehen. In den Hauptrollen Maria Schrader, Ursula Werner und Jesper Christensen.

Dramatische Szenen wurden 2013 bei Meersburg, Hagnau und Uhldingen-Mühlhofen gedreht. Meike, alleinerziehende Mutter, eilt von Berlin an den See, weil ihr Vater einen Herzinfarkt erlitten hat. Bei ihrer Ankunft ist er putzmunter und gibt ihr noch immer die Mitschuld am Tod ihres Bru-

ders, der im See ertrank. Eine Aussöhnung scheint unmöglich, dennoch hat der ARD-Film **Die Fischerin** mit Alwara Höfels in der Hauptrolle als Meike ein glückliches Ende. Den Vater spielt Rüdiger Vogler.

Das SWR-Drama **Flug in die Nacht – das Unglück von Überlingen** des Autors und Regisseurs Till Endemann beschäftigte sich 2009 mit dem Drama des Zusammenstoßes einer Frachtmaschine der DHL mit einem russischen Passagierflugzeug. Der ausstrahlende Sender bezeichnete es als »eindringliches Drama über persönliche Verantwortung, die Suche nach Erklärungen und dem Wunsch nach Vergebung«.

Unter anderem in Staad und Allensbach wurde die vielfach ausgezeichnete Satire **Probefahrt ins Paradies** (1993) von Douglas Wolfsberger gedreht. Es geht um die Scheinheiligkeit der Kirche und um einen Pfarrer, der eine junge Frau geschwängert hat. Mit dabei Christiane Hörbiger als Schwester Ursula und Barbara Auer als schwangere Theresa. Ein Kritiker notierte: »Wer seinen Glauben an die unbefleckte Empfängnis nicht verlieren will, dem sei von der Probefahrt ins ›Paradies‹ dringend abgeraten.«

Ein weniger kurzes filmgeschichtliches Verfallsdatum dürften vier Filme haben, die zumindest teilweise am Bodensee gedreht wurden. International Furore machte natürlich James Bond, 2008 wurden auf der Bregenzer Seebühne Szenen für **Ein Quantum Trost** mit Daniel Craig in der Hauptrolle gedreht. Der Aufwand an Komparsen war immens.

Ein »Kammerspiel vor Seelandschaft« ist die Verfilmung von Martin Walsers Klassiker **Ein fliehendes Pferd**. Der Kinofilm wurde 2006 gedreht, war bei Kritikern umstritten und ein mäßiger Publikumserfolg trotz Starbesetzung mit Ulrich Tukur, Ulrich Noethen, Petra Schmidt-Schaller und Katja Riemann. Schon die Anfangsszene spielt direkt am Bodensee, nämlich im Strandbad von Martin Walsers Wohnsitz Überlingen-Nußdorf. Die Auswahl der Drehorte, etwa der Hafen Unteruhldingen oder die Kriegsgräberstätte Lerchenberg, besorgte ein »Locationscout«. Die Geschichte Walsers aus dem Jahr 1978 wurde in die Gegenwart verlegt und erhielt ein neues Ende.

Zwei Filme sind Klassiker geworden. Das ist zum einen die 1961 gedrehte Komödie **Drei Mann in einem Boot** nach dem gleichnamigen Roman von Jerome K. Jerome. Fröhlich und gut gelaunt schippern Heinz Erhardt, Hans-Joachim Kulenkampff und Walter Giller den Rhein hinab, beginnend am Bodensee, in Meersburg, Wasserburg sowie in Romanshorn. Das Trio will sich von den Strapazen mit ihren Frauen erholen. Schnell gibt es Verwicklungen und gefährliche Momente. Wenige Meter vom Rheinfall entfernt stellt Heinz Erhardt fest, dass die Menschen alle so freundlich winken. Da der Film keine Tragödie ist, endet er nicht im Rheinfall, sondern in Amsterdam, wo die Gattinnen der Herren diese wieder unter ihre Fittiche nehmen.

Untrennbar mit dem See verbunden ist der Heimat-Schinken **Die Fischerin vom Bodensee**, gedreht 1956 unter anderem in Uhldingen-Mühlhofen, Friedrichshafen und Schloss Kirchberg. Die arme, unehelich geborene Fischerin, um deren Hand der schöne Hans, Sohn des Fischzüchters Bruckberger, anhält, müht sich redlich um ihr täglich Brot. Hans' Eltern passt die Liebelei gar nicht. Irrungen und Wirrungen folgen, freilich mit glücklichem Ende. Für die Hauptdarstellerin Marianne Nold bedeutete die Rolle der Durchbruch, »Die Fischerin vom Bodensee« ist auch heute noch regelmäßig in den dritten Programmen zu sehen und damit für die Region immer noch ein Werbeträger.

Walter Giller im Jahr 1955. Er schipperte später mit Hans-Joachim Kulenkampff und Heinz Erhardt über den See.

Pizza, Käse, Seehasen – Feiern und Genießen

Wein trinken und Gutes tun – Boseecco, Müller-Thurgau und Spätburgunder

Wer Prosecco mag, trinkt gerne Schaum- und Perlweine aus bestimmten italienischen Provinzen. Im Gegensatz zur italienischen ist die Bezeichnung der Bodensee-Variante nicht geschützt. Der echte und älteste **»Boseecco«** stammt aus der Spitalkellerei in Konstanz. Die Website lockt den Kenner mit folgenden Worten: »Neben unserem Konstanzer Brut und Konstanzer Extra Trocken, dem eleganten Sektgenuss vom See, bieten wir Ihnen Burgunder-Sekt-Spezialitäten vom Feinsten, natürlich nach der traditionellen Flaschengärmethode à la Dom Perignon. Auch unsere Perlweine ›Boseecco-weiss‹ und unser ›Bolusco-rot‹ erfreuen sich mit ihrer jugendlichen Frische großer Beliebtheit.« Jugendlich frisch ist die Spitalkellerei nicht, denn sie ist die älteste Spitalkellerei Deutschlands. Seit 1225 gehört sie zur Spitalstiftung. Sie liegt in einem mittelalterlichen Kellergewölbe in der Brückengasse. Wer dort eine Führung macht oder einkauft, tut Gutes, denn die Erlöse der seit 2002 verpachteten Kellerei fließen in die Spitalstiftung, die Alte, Bedürftige und Kranke unterstützt sowie Pflegeheime und ein Krankenhaus unterhält. Vielleicht gäbe es heute mehr fröhliche alte und kranke Menschen, hätte man eine alte medizinische Aufgabe der Stiftung beibehalten, nämlich zur Heilung und Kräftigung Wein an sie abzugeben. Die Anbaufläche beträgt 350 Hektar, 150000 Liter Wein werden in guten Jahren gewonnen. Angepflanzt werden unter anderem Müller-Thurgau, verschiedene Bur-

gunder, Traminer und Regent. Boseecco wird auch aus Schwarzriesling gewonnen.

Müller-Thurgau, der Name verrät es schon, ist ein Wein aus dem Bodenseeanrainerkanton Thurgau. Indirekt jedenfalls, denn der 1850 in Tägerwilen geborene Hermann Müller »erfand« den Wein und gab sich selbst nach seiner Herkunft den Doppelnamen Müller-Thurgau. Gezüchtet wurde der Wein, der auch Rivaner genannt wird, allerdings in der Forschungsanstalt Geisenheim im Rheingau, wo Hermann Müller lehrte. Die erste Züchtung erfolgte im Jahr 1882. Der Schöpfer der Rebsorte ahnte sicher nicht, dass der Wein die erfolgreichste Weißweinneuzüchtung weltweit werden würde. In Wädenswil findet sich noch ein Originalrebstock.

Am Bodensee werden Trauben ganz besondere Tröpfchen.

Hier wohnte und pichelte Heinrich Hansjakob.

150 Stecklinge der Neuzüchtung nahm Müller nämlich in die Schweiz mit. Sie wurden dort 1892/93 angezüchtet. Kurioserweise wusste Hermann Müller-Thurgau selbst nicht mehr, welche »Eltern« sein Kind hatte, er vermutete, zwei Riesling-Rebsorten gekreuzt zu haben. Erst 1999 konnten Wissenschaftler der Deutschen Bundesanstalt für Züchtungsforschung gentechnisch zweifelsfrei feststellen, dass Müller-Thurgau eine Kreuzung aus Riesling und Madeleine Royal ist. Dieser wiederum ist eine Kreuzung zwischen Pinot und Trollinger. Nicht nur beim Wein war der Wissenschaftler Müller-Thurgau Vorreiter, sondern auch bei unvergorenen pasteurisierten Fruchtsäften.

Etwa zur gleichen Zeit, nämlich 1881, gründete der Volksschriftsteller und Pfarrer Heinrich Hansjakob die erste **badische Winzergenossenschaft** in Hagnau. Sie besteht heute noch und ist die größte am Bodensee. Die 97 Winzer bewirtschaften 166 Hektar Anbaufläche, auf denen zu je 40 Prozent Müller-Thurgau und Blauer Spätburgunder gedeihen. Spätburgunder war es auch, der möglicherweise schon 884 von Kaiser Karl dem Dicken nach Deutschland gebracht wurde, und zwar nach Bodman. Sicher ist, dass der Weinbau mit den ersten Klostergründungen Einzug am Bodensee hielt, Traubenkerne, die man auf der Reichenau fand, ließen sich auf das 8. Jahrhundert datieren. Somit gilt die Vermutung, dass die ersten Winzer und Weintrinker am Bodensee residierten. Das durchgängig milde Bodenseeklima ist auch dafür verantwortlich, dass hier bis auf 560 Meter Höhe Weinreben gedeihen. Die Lagen »Elisabethenberg« und »Olgaberg« machen den Hohentwiel zu Deutschlands höchstem Weinberg. Den Weltrekord hält ein argentinisches Weingut, dessen höchster Rebstock auf 3111 Metern gedeiht.

Alles Käse – Appenzeller und Emmentaler

Zum Käsefondue eignen sich beide Rohmilchkäsesorten hervorragend. Der Emmentaler heißt in Deutschland auch »Schweizerkäse«, dabei stellt man ihn nicht nur im Berner Emmental, sondern auch im Allgäu und im Bregenzerwald her. Seine großen Löcher entstehen durch Propionsäurebakterien. Beim Vergären entsteht Kohlendioxid, das die Löcher in der Käsemasse formt. Die gebildete Säure ist mitverantwortlich für den charakteristischen

In Appenzell gibt's Appenzeller.

Geschmack des Emmentalers. Mittlerweile gibt es diesen Käse weltweit in verschiedenen Varianten, sogar aus pasteurisierter Milch.

Der Appenzeller Käse wird von 52 Dorfkäsereien in den beiden Halbkantonen Innerrhoden und Außerrhoden und auch in Sankt Gallen und dem Thurgau hergestellt und unter der Marke »Appenzeller® Switzerland« vertrieben. Seine Besonderheit: Während der Reifung wird er mit einer speziellen Flüssigkeit, der »Kräutersulz«, eingerieben. Die Zusammensetzung dieser Sulz wurde stets wie ein Familiengeheimnis gehütet. Davon zeugt eine vergnügliche Werbekampagne mit Uwe Ochsenknecht, in der er vergeblich versucht, den Appenzellern ihr Rezept zu entlocken.

Das Konstanzer Dünnele – Erste italienische Pizza to go

Während des Konstanzer Konzils von 1414 bis 1418 wurden die Zunftregeln aufgehoben, um die über 70 000 Gäste in der Stadt angemessen versorgen zu können. Auch fremde Bäcker durften in dieser Zeit ihr Backwerk verkaufen. Stadtschreiber Ulrich Richental berichtet in seiner Konzilschronik, dass sich die Italiener als besonders findig erwiesen hätten: Da sie keine Läden besaßen, aus denen sie ihre Waren feilbieten **Uralte Pizza:** konnten, buken sie Ringbrote, Brezeln und Pasteten auf fahrbaren Öfen **das Dünnele.** überall in der Stadt und verkauften sie direkt vor Ort. So konnten sich

die Konzilsteilnehmer zwischen Sessionen, Umzügen und Gottesdiensten schnell und günstig den Bauch füllen. Kassenschlager war das Fladen-brot, das je nach Geschmack und Geldbeutel des Kunden mit Erbsen, Lin-sen, Pastinaken, Fleisch und Fisch oder gar mit Hühnern, Singvögelbrüst-chen und teuren Gewürzen belegt wurde. Den Konstanzern schmeckte das italienische Fast-Food-Brot so gut, dass sie nach dem Konzil eine heimische Spezialität daraus machten: das »Dünnele«, traditionell belegt mit Käse, Speck und Lauchzwiebeln. Bis heute betrachten Konstanzer das Konzils-Fladenbrot als erste italienische Pizza, die je auf deutschem Boden verzehrt wurde.

Das »Würth'sche Saufwegle« – Ein besonderer Bürgersteig in Überlingen

Gern trank der Großherzoglich Badische Bezirksarzt Medizinalrat Eduard Würth mal einen über den Durst. Wenn er dann aus seiner Kneipe nach Hause torkelte, konnten ihm die Überlinger Straßenverhältnisse durch-aus zur Stolperfalle werden. Anfang des zwanzigsten Jahrhunderts waren Gehsteige meist noch unbefestigt, schmutzig und holprig. Vermutlich kam der Medizinalrat nicht selten in verdrecktem Zustand mit aufgeschürften Händen und Knien daheim an. Das brachte den tüchtigen Zecher auf die Idee, sich selbst einen festen Weg zu spendieren, den er auch mit höchsten Promillewerten noch sicher begehen konnte. Zwischen seiner Stammknei-pe und seinem Wohnhaus ließ Würth anno 1905 auf eigene Kosten ent-lang der Christoph- und Münsterstraße ein gut 500 Meter langes Trottoir anlegen. Die Pflastersteine aus edlem Tessiner Gneis bezeugen, dass er sich dabei nicht lumpen ließ. Die Überlinger jedenfalls freuten sich über den befestigten Bürgersteig in ihrer Stadt, den sie bis heute liebevoll das »Würth'sche Saufwegle« nennen.

Ein Global Player – Der Tettnanger Aromahopfen

Die Menschheit kennt das Bier wahrscheinlich schon seit der Steinzeit. Immerhin zurück bis ins Jahr 1150 reicht der Anbau von Hopfen rund um Tettnang. Weltweit schätzen die Braumeister das »grüne Gold« zur Verfei-nerung ihrer Biere. »Feinstes Aroma und eine zarte Bittere« – so wirbt die Gemeinde – geben »den Bieren einen unverwechselbaren Charakter und vermitteln bei jedem Schluck die einzigartige Landschaft zwischen dem nördlichen Bodenseeufer und dem Allgäu«.

Mit dem Hopfenanbau beschäftigt sind 150 Betriebe. Der Anbau des Tettnanger Aromahopfens macht drei Prozent der Welthopfenfläche aus – es sind 1200 Hektar, auf denen bis zu 2000 Tonnen jährlich produziert werden. Ein kleiner Teil (15 bis 20 Prozent) bleibt in Deutschland: Der Tettnanger Hopfen, eine geschützte geografische Marke, wird vor allem in die USA exportiert und gilt als besonders hochwertig. Wer mehr über

»Lupulin« (Hopfenmehl, hier sitzen besonders viele Aromastoffe) und »Humulonsäuren« (sie sind verantwortlich für die herbe Frische und die Schaumstabilität) wissen möchte, dem sei der vier Kilometer lange Tettnanger Hopfenpfad samt Museum empfohlen. Wie sehr die Tettnanger ihren »Global Player« lieben, bewiesen sie 2006 bei der »Hopfensauparade«. Lebende Säue wurden allerdings nicht durchs Dorf getrieben. Die

So weit das Auge reicht: Hopfen rund um Tettnang.

Touristenattraktion bestand aus 90 Keramikviechern, deren Bemalung die unterschiedlichsten Bedeutungen zeigte: Ein Autohaus etwa sponserte ein Schwein »Alonso«, das dem damaligen Formel-1-Weltmeister gewidmet war. Direkt mit Hopfen haben die Säue allerdings nichts zu tun.

Obst vom Bodensee und aus Mostindien

Strom kommt aus der Steckdose, und Obst kommt vom Bodensee. Dass dem nicht ganz so ist, weiß jedes Kind, aber jeder dritte Apfel, den die Bundesbürger verspeisen, reifte in der Tat rund um Deutschlands größten See, die Exportquote beträgt nur 10 Prozent. Zwanzig verschiedene Sorten werden kultiviert, Jonagold und Elstar sind die am häufigsten angebauten, der interessierte Leser möge beim nächsten Supermarktbesuch auf die entsprechende Herkunfts-Bezeichnung achten. Seltenere Sorten sind Delbarestivale, Cameo, Kanzi oder Topaz. 2011 gab es auf der deutschen Seite 1600 Obstbaubetriebe, die 280 000 Tonnen ernteten – in ganz Deutschland waren es 900 000. »Obst vom Bodensee« ist eine Warenbezeichnung, aber auch ein genossenschaftliches Großunternehmen mit 8000 Hektar Anbaufläche, die nicht nur Äpfel, sondern auch andere Obstsorten tragen. Trotz der relativ hohen Lage der Gegend von über 400 Metern über dem Meer ist das Klima besonders günstig: Der See wärmt im Winter und kühlt im Sommer. Die Blütezeit beginnt später als andernorts, die Gefahr von späten Frösten ist also geringer. Im Herbst sind frühe Fröste selten, außerdem sorgt der Föhn, der von den Alpen her bläst, für Wärme. Nicht zuletzt dient der Bodensee als Wasserspeicher. Während anderswo in Deutschland heiße Sommer zum Problem werden, hängt der Bauer – salopp gesagt – seinen Schlauch in den See. Bis ins jeweils folgende Frühjahr werden Bodensee-Äpfel verkauft, in speziellen Lagerhallen werden der Sauerstoff-Anteil auf 1,3 Prozent und die Temperatur auf ein bis fünf Grad Celsius reduziert.

Auch die Schweizer Anrainer schätzen die diversen Früchte und natürlich deren vergorene Versionen, den Most. Die satirische Zeitung »Der Postheiri» gab dem Ostschweizer Kanton Thurgau deshalb den Spitznamen »Mostindien«, wie er übrigens alle Kantone persiflierte, einzig und allein dieser Spitzname hat sich jedoch erhalten. Erstmals taucht der Begriff »Most-India« 1853 in einer Karikatur auf. Damals spielte man nicht auf den Staat Indien, sondern auf den gesamten ostasiatischen Teilkontinent an. Der »Postheiri« sprach und schrieb von der »Mostschweiz«, dem »Mostsee« oder dem »Mostindischen Meer«. Während heute der Apfelmost geläufiger ist, süffelte man damals eher Birnenmost.

Der älteste Milchpilz steht in Lindau

Das Wirtschaftswunder nahm seinen Lauf, Halbstarke und Rock'n'Roller suchten nach Treffpunkten. Alkohol gab es allerdings erst ab 21 Jahren. Also traf man sich in Eisdielen und Milchbars. Die Firma Hermann Waldner KG aus Wangen im Allgäu stellte 1952 bei einer Tagung der »Großstädtischen Milchversorgungsbetriebe« einen Milchkiosk in Form und Farben eines Fliegenpilzes vor und ließ sich den Holz-Fertigbau patentieren. Die Pilze waren etwa vier Meter hoch und hatten bei einem Durchmesser von 3,15 Metern das typische Interieur einer Eisdiele vom Kühlschrank bis zur Eismaschine. So manche Behörde kanzelte den Milchpilz als typisch amerikanischen Werbegag ab. Diese »geschmacklose Reklame« für Milchprodukte vertrieb die Firma Waldner bis ins Jahr 1958 allerdings europaweit, und zwar 49 Mal – die Wiener Ausgabe heißt übrigens »Schwammerlhütte«. Heute sind die Pilzkioske denkmalgeschützte Raritäten. Acht Exemplare sind noch in Betrieb, davon zwei am Bodensee. Eines davon

Einfach nur niedlich: Milchpilze.

findet sich direkt gegenüber dem Kunsthaus Bregenz. Als es aus verkehrstechnischen Gründen in den 1990er-Jahren abgerissen werden sollte, protestierten die Bregenzer heftig und mit Erfolg. Seit 2007 steht es unter Denkmalschutz. Das Land Vorarlberg hat gegenüber dem Eigentümer, der »Vorarlberg Milch eGen«, das Recht erworben, den Kiosk notfalls ankaufen zu können. Der Milchpilz in Lindau kann für sich in Anspruch nehmen, der erste in Serie gefertigte Pilzkiosk zu sein. Der am 13. Mai 1952 aufgestellte Pilz findet sich auf der Insel Lindau unterhalb der Thierschbrücke und ist ebenfalls denkmalgeschützt. Milch wird allerdings wohl eher selten ausgeschenkt: Die putzige Imbissbude verfügt über eine bescheidene Vesperkarte (vom Hot Dog bis zum Glühwein), eine Facebook-Seite und einen winzigen Biergarten.

Zur Freude der Kinder – Das Seehasenfest in Friedrichshafen

Der Seehas ist ein scheues Wesen. Jeden Juli lässt er sich vom Grund des Bodensees für ein paar Tage nach Friedrichshafen bringen, um dort mit Kindern und Erwachsenen ein Fest zu feiern. Den Rest des Jahres tummelt er sich im Tiefseemöhrenfeld irgendwo zwischen Friedrichshafen und Romanshorn.

Wer diese Geschichte für ein Märchen hält, sollte bei nächster Gelegenheit das Häfler »Seehasenfest« besuchen und sich mit eigenen Augen von der Existenz des Tiefseemümmlers überzeugen. Der ist zwar mannsgroß und hat durchaus menschliche Züge, doch immerhin trägt er ein schwarzweißes Fell und zwei lange Ohren. Nur ein Unkundiger würde wagen, ihn als falschen Hasen zu bezeichnen!

Nach dem Zweiten Weltkrieg war Friedrichshafen vollständig zerbombt. Die Stadtoberen suchten nach einer Möglichkeit, den traumatisierten Kindern vor Ort eine Freude zu bereiten. Sie riefen ein Kinderfest ins Leben: das »Seehasenfest«, das anno 1949 erstmals stattfand und seitdem jedes Jahr gefeiert wird.

Nach seiner Ankunft per Schiff in Friedrichshafen verteilt der Seehas traditionell den »Hasenklee«, Tüten mit Spielzeug und Süßigkeiten, an die Erstklässler der Stadt. Die setzen sich zu Ehren des seltenen Gastes lange Ohren auf und singen ihm das Seehasenlied: »Der Seehas ist da! Hurra, hurra! Du kommst vom blauen Bodensee und bringst uns heut den Hasenklee!«

Mittlerweile ist das Kinder- und Heimatfest zu einem großen Vergnügungspark geworden, der auch Nicht-Häfler anlockt. Von Donnerstag bis Montag dauert der Rummel mit Würstchenständen und Fahrgeschäften

an der Uferpromenade. Das traditionelle Fischerstechen auf dem Wasser findet nach der »Einholung« des Seehasen statt. Am Samstagabend gibt's ein großes Feuerwerk, am Sonntag einen Umzug durch die Stadt, bei dem natürlich auch der Seehas auf einem Festwagen mitfährt. Am Montag kommt es noch zu spektakulären Wettbewerben: zum Beispiel der »Lustigen Regatta« mit selbstgestalteten Flößen, bei der das originellste Floß prämiert wird. Zum Abend hin muss sich der Seehas wieder verabschieden. Fanfarenklänge, Böllerschüsse, bunte Luftballons, Aufzug der Bürgergarde am Gondelhafen; dort geht der Seehas an Bord und wird von Bürgern der Stadt zurück auf den See gebracht, um abzutauchen bis zum nächsten Jahr.

Die Herkunft des »Seehasen« ist übrigens ungeklärt. Mit dem gleichnamigen Fisch oder der Meeresschnecke hat er nichts zu tun. Es heißt

Gar nicht menschenscheu: Langohren beim Seehasenfest.

aber, dass die Bewohner Friedrichshafens früher als »Seehasen« bezeichnet wurden. Manche nennen sich noch heute so. Auch einer der »Sieben Schwaben« hört in der gleichnamigen Geschichte auf den Namen »Seehas«.

Zwei-Länder-Feuerwerk – Das Konstanzer Seenachtfest

Bereits seit 1949 begehen die Städte Konstanz und Kreuzlingen das größte Volksfest vom Bodensee. Alle Jahre wieder kommen am zweiten Augustwochenende bis zu 40 000 Besucher nach Konstanz und fast ebenso viele nach Kreuzlingen. Schon in den Tagen davor wird das Seenachtfest mit den Konzerten der »Sommernächte« im Konstanzer Stadtgarten eingeläutet. Zum Wochenende gibt's ein Rahmenprogramm an der 3,5 Kilometer langen Festmeile am Konstanzer Ufer: mit Livemusik, Wasserskishows, Kleinkunst, DJ, Speis und Trank. Zeitgleich beginnt auch das »Fantastical« – so heißt das Seenachtfest auf der Kreuzlinger Seite. Am Samstagabend findet das Fest mit dem von Konstanz und Kreuzlingen gemeinsam ausgerichteten Feuerwerk seinen Höhepunkt: dem größten Klangfeuerwerk auf einem europäischen Binnensee. Von mehreren Schiffen aus schießen deutsche und schweizerische Pyrotechniker ihre Feuerwerkskörper in den nächtlichen Himmel, choreografiert zu Musikaufnahmen, beispielsweise der Südwestdeutschen Philharmonie. Viele Konstanzer und Kreuzlinger feiern ihr Heimatfest auch gerne auf dem Wasser. Wenn es am Festsamstag dunkel wird, sammeln sich Hunderte Schiffe und Boote im Konstanzer Trichter: Von hier aus bietet sich ein ganz besonderer Blick auf Feuerwerk und Stadtsilhouette.

Die späteste Fasnacht der Welt im langweiligsten Ferienort der Schweiz

Die Schweizer gelten gemeinhin als langsam. Das ist jedoch nicht der Grund, weshalb in Ermatingen im Kanton Thurgau die »späteste Fasnacht der Welt« gefeiert wird, wenn der Rest der Narren schon längst das Ende der Fastenzeit herbeisehnt. Die »Groppenfasnacht« (benannt nach einem Raubfisch, der früher als Delikatesse und als Fastengericht geschätzt wurde) wird drei Wochen vor Ostern gefeiert. Höhepunkt ist der »Groppenumzug«, der allerdings nur alle drei Jahre stattfindet, zuletzt am 11. März 2018. Die Ermatinger sind sicher, dass einer der drei Gegenpäpste, nämlich Johannes XXIII. während des Konstanzer Konzils floh und in ihrem Dorf Aufnahme fand. Als Dank erlaubte er ihnen, zu diesem späten Zeitpunkt Fasnacht zu begehen.

Die Ermatinger sind außerdem ziemlich clever. Im Land der spektakulären Berge, Seen, Wasserfälle und Hotels wirbt das 3000 Einwohner zählende Dorf damit, der »langweiligste Ferienort der Schweiz« zu sein. 18 000 Franken haben sie in eine Plakat-Kampagne investiert mit dem Slogan: »Wir haben nichts, wir tun nichts und wir bieten nichts.« Zwanzig Unternehmer haben sich für die Kampagne zusammengetan und aus der Not eine Tugend gemacht, denn wie viele kleine Orte leidet Ermatingen – Hotels schließen, Restaurants machen dicht. Wer Halligalli sucht, rauschende Seenachtfeste oder große Wellnesshotels, ist hier fehl am Platz. »Wir tun nichts. Rein gar nichts, um Ihnen die Ruhe zu nehmen«, ist ein zweiter Slogan. Und damit liegt Ermatingen voll im Trend. »Achtsamkeit« ist gefragt, Erholung pur in einer traumhaften Landschaft. Allerdings ohne Eiger, Mönch und Jungfrau oder Matterhorn. Dafür sammeln sich im Ermatinger Becken im Herbst Abertausende von Zugvögeln, die hier überwintern, nachdem sie bis zu 3000 Flugkilometer zurückgelegt haben. Der Seerhein friert nämlich wegen der permanenten Strömung nie zu. Für manche Arten wie Singschwäne und Gründelenten ist dieser Überwinterungsplatz im flachen Gewässer überlebensnotwendig. Richtig langweilig wird dem aufmerksamen Touristen in Ermatingen wirklich nicht. Wenn er Glück hat, begegnet er sogar Roberto Blanco, der dort seit 2017 lebt. Offenbar war das Leben des betagten Entertainers abenteuerlich genug, so dass er nun einen geruhsamen Lebensabend verbringen möchte.

Beliebte Urteile, begehrte Strafen – Das Stockacher Narrengericht

Wer vom Stockacher Narrengericht verurteilt wird, darf sich glücklich schätzen. Winfried Kretschmann etwa wurde 2014 zu drei Eimern Wein und 200 Litern Bier verdonnert, was eine ganz ordentliche Strafe ist. Kurt Beck kam im Jahr 2000 nur auf zweieinhalb Liter Wein.

Das »Hohe Grobgünstige Narrengericht« zu Stockach tagt seit 1960 im Rahmen der schwäbisch-alemannischen Fasnacht am Schmutzigen Donnerstag und hält Gericht über einen Landes- oder Bundespolitiker. So richtig in die Pfanne gehauen wird kein Beklagter: Ankläger, Narrenrichter sowie der Fürsprech mit dem Narrenbüttel sorgen für fernsehtaugliche Abendunterhaltung. Der SWR gewährleistet, dass das Narrengericht selten eine Abfuhr von einem Politiker erhält. Das Stockacher Narrengericht

Zur Strafe
gibt es Wein
und Bier – das
Stockacher
Narrengericht.

geht auf eine Begebenheit aus dem Jahr 1315 zurück. Der Hofnarr Kuony von Stocken warnte den österreichischen Herzog Leopold I. vergeblich vor einem Krieg gegen die Schwyzer. Die Schlacht ging verloren, Herzog Albrecht der Weise räumte Kuonys Heimatstadt Stockach daraufhin das Privileg ein, jährlich einmal über sich selbst zu richten. Es dauerte Jahrhunderte, bis sie das auf ihre Weise dann auch tat.

Am Aussterben – Der Bodenseefischer

Der Bodenseefischer sieht sich als bedrängte Spezies. Sein täglicher »Brotfisch« wird ihm von Futterkonkurrenten wie Graureihern oder Kormoranen streitig gemacht. Von Behörden bekommt er zunehmend weniger Fangnetze und Fischereipatente genehmigt. Und dank der Kläranlagen ist der Bodensee mittlerweile sehr sauber, sehr nährstoffarm, was sich drastisch auf die Fangerträge auswirkt. In den Neunzigerjahren holte ein Fischer noch neun Tonnen Fisch pro Jahr aus dem Wasser. Mittlerweile sind es gerade mal eineinhalb Tonnen, kaum noch wirtschaftlich. Ihre Tagesbilanz vermelden die Fischer zuweilen mit Galgenhumor: »Drissig Liter Diesel vergondelt und grad dri Schwänz gfange!«

Etwa 30 Fischarten gibt es im Bodensee, doch nicht alle sind für Berufsfischer gleich interessant. Ganz vorn auf der Hitliste stehen: Felchen, Barsch, Seeforelle, Hecht, Saibling, Aal, Trüsche und Brachse. In den

Nachkriegsjahren waren sie zahlreich und fett. Der Grund: Man nutzte phosphathaltige Waschmittel, und es gab noch keine Kläranlagen. Paradiesisch für die Fischer, schlecht für den See. Mit rund 90 Mikrogramm Phosphat pro Liter Wasser drohte der größte Trinkwasserspeicher Mitteleuropas Ende der Siebzigerjahre umzukippen. Zu viele Algen durch Überdüngung, zu wenig Sauerstoff im Wasser.

Klar, Fischers Fritz würde auch heute gern viele fette frische Fische fischen. Heute finden sich nur noch sechs Mikrogramm Phosphat in einem Liter Bodenseewasser. Fürs Langenargener Institut für Seenforschung ist dies der natürliche, von Menschen unbeeinflusste Zustand eines Sees. Die Fischer jedoch sind nur bedingt begeistert vom aufgeklärten Bodensee. Sie fordern, die Reinigungsleistung der Kläranlagen zu drosseln, um den Phosphatgehalt des Bodensees auf etwa 10 bis 15 Mikrogramm pro Liter anzuheben. Damit die Fische wieder mehr zu fressen kriegen. Und die Fischer bessere Fangerträge.

Um allein am Bodensee die Nachfrage zu decken, müssen Händler mittlerweile Felchen oder Saibling aus anderen Regionen zukaufen. Über Felchenzucht in Aquakulturen wird nachgedacht. Die Fischer wiederum helfen sich mit Nebenjobs über die Runden. Ihr alter Beruf droht auszusterben.

Seit dem frühen Mittelalter gibt es Berufsfischer auf dem Bodensee. Stets führten sie ein hartes Leben, stets waren die Fangerträge gering. Nur wenige Menschen konnten sich Bodenseefisch überhaupt leisten; alle anderen mussten sich mit Salzheringen aus der Nordsee begnügen. Bodenseefisch galt als edle Rarität, das wird er auch bleiben.

Raritäten: Speisefische aus dem Bodensee.

105.

SALMO WARTMANNI.
Das Blaufelchen.
L'Ombre bleu.
The Blue_Salmon.

Eiszeit, Päpste, Kollisionen – Höhe- und Tiefpunkte der Bodensee-Geschichte

Ohne Eis kein See – Der Rheingletscher hinterließ Toteis-Seen, Drumlins und Findlinge

Eine gigantische Eisfläche prägte die Landschaft der Ostschweiz bis nach Oberschwaben – die auffälligsten Überbleibsel sind der Boden- und der Zürichsee. Vor etwa 29 000 Jahren schob sich der Gletscher von Chur bis westlich Schaffhausen vor, das er 5000 Jahre später erreichte. Sigmaringen, Biberach, Leutkirch, Ravensburg, Chur, Sankt Gallen, Vaduz – diese Orte lagen alle unter einer bis zu 2000 Meter dicken Eisschicht. Die Fläche betrug etwa 16 400 Quadratkilometer. Zum Vergleich: Der Aletschgletscher, als größter der Alpen immer noch recht ansehnlich, ist 82 Quadratkilometer groß – der Rhein-Linth-Gletscher (wie er bei Glaziologen auch genannt wird) war also 200 Mal größer! Damit war er einer der größten Eiszeitgletscher der Alpen. Einige Berge rund um den Bodensee ragten als so genannte »Nunatakker« aus ihm heraus oder wurden umflossen, so der Säntis oder der Hohentwiel, dessen steile Ostseite vom Gletscher abgehobelt wurde. Der Höchststand der würmeiszeitlichen Vergletscherung war vor etwa 20 000 Jahren erreicht, als es das ganze Jahr über oberhalb 1000 Metern Höhe schneite. Als es in Mitteleuropa wieder wärmer wurde, zog sich der Gletscher in acht Etappen zurück. In dieser Zeit entstanden Endmoränen, Drumlins, Seen und Moore. Markant sind die Toteis-Seen bei Singen: Während ein Gletscher zurückweicht, brechen immer wieder größere Eisblöcke ab (»Toteis«), die allmählich abschmelzen. Sie werden umspült vom sand- und geröllreichen Fluss, der als Schmelzwasser an der

Gletscherzunge entspringt. Rund um den Toteisblock lagern sich die dabei mitgeführten Sedimente ab, so dass eine Art Kessel entsteht, in dem ein See zurückbleibt. Von diesen haben viele bis heute überdauert. Der Rheingletscher hat auch gewaltige Felsblöcke aus dem Inneren der Alpen in den Bodenseeraum verfrachtet. Der »Graue Stein von Aach« im Hegau hat seinen Ursprung 150 Kilometer entfernt und wiegt etwa 30 Tonnen. Weitere beachtliche Brocken dieser Art finden sich unter anderem in Frauenfeld und bei Wangen im Allgäu. Der Rheingletscher war es auch, der den größten Findling Europas an den Rand des Allgäus transportierte: vom Massiv der »Dreischwestern« nach Weiler-Simmerberg. 4000 Kubikmeter Volumen hatte er einmal, wohlgemerkt »hatte«: Der »Erratische Block« diente bis ins 19. Jahrhundert als Steinbruch zum Kalkbrennen. Heute ist nur noch die Hälfte der Masse zu bestaunen.

Neben den Hegaubergen und den Alpen prägen heute auch die vielen »Drumlins« die Landschaft rund um den Bodensee, Relikte der glazialen Grundmoränen. Sie wurden am Grund des fließenden Gletschers geformt,

Auf einem Drumlin erbaut: die Gemeinde Raderach.

Luftbilder offenbaren ihre typische, langgezogene Tropfenform. Natürlich sind die Drumlins mit etwa 40 Metern Höhe keine echten Berge, charakteristisch sind allerdings ganze Drumlinfelder. Der Bodanrück (693 Meter) ist geprägt von unzähligen dieser Hügel. Der bekannteste Drumlin ist wohl der Taborberg (473 Meter), ein Aussichtspunkt nördlich des Konstanzer Stadtteils Fürstenberg. Die Grundfläche dieses Buckels wird mit 900 mal 350 Meter angegeben. Noch unauffälliger ist der Konstanzer Raiteberg (452 Meter), auf dem sich der höchste Bismarckturm Baden-Württembergs befindet, nicht zu vergessen der Höhenzug des Gießbergs (450 Meter) mit den Bauten der Konstanzer Universität.

Einzige Papstwahl nördlich der Alpen – Das Konzil von Konstanz

Anfang des 15. Jahrhunderts wollte König Sigismund römisch-deutscher Kaiser werden. Dazu krönen konnte ihn jedoch nur der Papst, und genau das war das Problem. Zu jener Zeit gab es drei Päpste: Gregor XII. zu Rom, Benedikt XIII. zu Avignon, Johannes XXIII. zu Pisa. Die Kirche war gespalten. Sigismund aber brauchte ein Kirchenoberhaupt, das stabil hinter ihm stand. Also ließ er Papst Johannes ein Konzil einberufen. Tagungsort dieser Kirchenversammlung wurde die Reichsstadt Konstanz, weil sie neutral war und keiner der Päpste dort Einfluss hatte.

Nach einem Unfall am Arlberg – sein Wagen war umgekippt, er selbst in den Schnee gefallen – traf Papst Johannes XXIII. am 28. Oktober 1414 in Konstanz ein. In der Nacht des 24. Dezember kam König Sigismund mit Ehefrau Barbara. Hohe Vertreter von Adel und Klerus reisten an, im Schlepptau unzählige fremde Händler und Handwerker, Geistliche und Gelehrte. Die Päpste Benedikt und Gregor hatten Sigismunds Einladung ignoriert.

Schnell war das kleine Konstanz mit seinen damals 6000 Einwohnern völlig überlaufen; mitunter weilten an die 20 000 Besucher gleichzeitig in der Stadt. Insgesamt kamen während der vier Konzilsjahre 70 000 Gäste aus aller Welt.

Papst Johannes XXIII. hielt es jedoch nicht lange in Konstanz. Schon nach wenigen »Sessionen« – so hießen die feierlichen Sitzungen der Kirchenväter im Münster – sah er seine Mehrheiten schwinden. Um der Absetzung zu entgehen, floh er Anfang 1415 aus der Stadt. Darüber wäre das Konzil beinah zerbrochen. Doch der Papst konnte gefangen genommen und seines Amtes enthoben werden. Kurz teilte sich Johannes XXIII. das Gefängnis mit dem Prager Kirchenreformator Jan Hus, den man wegen seiner kritischen Ansichten im Juli 1415 in Konstanz als Ketzer verbrannte.

Auch Papst Gregor XII. erklärte sich nun bereit, zurückzutreten. Nur Benedikt XIII. wollte nicht abdanken. Dessen Fürsprecher überzeugte Sigismund jedoch, ebenfalls an der Konstanzer Versammlung teilzunehmen. 1417 erklärte das Konzil Benedikt XIII. für abgesetzt und machte den Weg für einen neuen Papst frei. Das Kaufhaus am See, heute »Konzil« genannt, gestaltete man zum Konklavegebäude um. Am 8. November 1417 bezogen 53 Papstwähler ihre eigens dafür gebauten Zellen. Das Kaufhaus wurde mit hohen Balken abgesperrt, die Fenster zugemauert. Die Kardinäle sahen sich komplett von der Außenwelt abgeschottet. Das Gebäude blieb unbe-

Als Ketzer verbrannt: Jan Hus stirbt während des Konzils.

heizt, auch gab es bloß zwei Toiletten. Überraschend schnell einigten sich die Wähler auf einen neuen Papst. Am 11. November erschallte »Habemus papam« aus einem Fenster des Kaufhauses. Der Konstanzer Chronist Ulrich Richental berichtet von unzähligen Singvögeln, die angeblich auf dem Dach landeten und die Anwesenheit des Heiligen Geistes anzeigten.

Der italienische Kardinal Oddo Colonna war nun alleiniger Papst und nannte sich fortan Martin V. König Sigismund allerdings musste trotz seines Engagements für die Einheit der Kirche noch viele Jahre warten, bis er am 31. Mai 1433 endlich zum Kaiser gekrönt wurde.

Seekriege auf dem Bodensee

Nicht immer ging es auf dem Bodensee so friedlich und harmonisch zu wie heute. In zwei sehr unterschiedlichen Epochen war er Schauplatz von Seekriegen und damit das einzige Binnengewässer in Europa, auf dem Schlachten stattfanden. Nicht gänzlich gesichert ist die Konfrontation zwischen Römern und Kelten im Jahr 15 vor Christus. Der »Lacus Brigantinus« lag bei den Alpenfeldzügen von Drusus und Tiberius quasi im Weg. Von Norditalien und von Südwestdeutschland versuchten die Römer bis nach Augsburg vorzudringen. Tiberius rückte mit 10 000 Legionären vom Lager Dangstetten (heute Landkreis Waldshut) an. Dem griechischen Geschichtsschreiber Strabon zufolge soll es zu einem Seegefecht mit dem Keltenstamm der Vindeliker gekommen sein, die im Alpenvorland siedelten. Sein Kollege Cassius Dio notierte, dass Tiberius über den See fuhr – ohne kriegerische Handlungen. Strabon (63 vor Christus bis 23 nach Christus) war allerdings Zeitgenosse, während Cassius Dio erst 163 nach Christus geboren wurde.

Im Dreißigjährigen Krieg kam es auf dem Bodensee immer wieder zu Schlachten. Während das Südufer der neutralen Eidgenossenschaft weitgehend verschont blieb, suchten das habsburgerische Vorderösterreich, die Württemberger sowie Schweden und Frankreich die Vorherrschaft über den See zu sichern. Die Ausgangssituation war – wie der ganze Krieg – kompliziert. 1632 wurden die kaiserlichen Truppen an Land von den Schweden und Württembergern vertrieben, Radolfzell kampflos geräumt. Die Eroberer beschlagnahmten die Flotte. 1633 wurde Konstanz von einem schwedischen Heer belagert, die kaiserliche Flotte verhinderte einen Angriff trotz eigener Verluste. Unterstützt wurden die Kaiserlichen von eidgenossenschaftlicher Seite, die Schweden zogen am 5. Oktober ab. Im folgenden Frühling versuchten es die Schweden mit Überlingen, mussten die Belagerung aber erneut aufgeben. Dafür nahmen sie das heutige Friedrichshafen ein. Damals hieß der Ort Buchhorn, wurde aber von den Eroberern in Gustavsburg umbenannt. Sie gründeten eine Werft und bauten das bis dato größte Bodenseekriegsschiff, die »Drottning Kristina«, mit 22 Kanonen. Das brachte den Schweden nur zeitweilig Vorteile, denn die Kaiserlichen rückten den fünf schwedischen mit 20 eigenen Kriegsschiffen zu Leibe. Die schwedisch besetzten Orte Buchhorn und Radolfzell wurden geräumt und alle Schiffe der Skandinavier versenkt. Damit war der »Schwedische Krieg« beendet, doch im Januar 1643 rückten die Württemberger und Franzosen in Überlingen ein und eroberten Stützpunkte am Seeufer. Ein Jahr später, im April 1644, wurde Überlingen von bayerischen Truppen belagert, die württembergisch-französischen Garnisonen rückten ab. Weiter ging es 1645, als die Insel Mainau vorübergehend von württembergischen Truppen erobert wurde. Nicht genug, tauchte Ende 1646 schwedisch-französisches Militär auf und griff die Reichsstädte an, vor allem Bregenz und die Nachbarstädte, die Anfang 1647 erobert wurden. Es ging munter hin und her: Mal wurde Lindau von schwedischen Kriegsschiffen beschossen, mal eroberten die Schweden und die Württemberger die Mainau, mal Überlingen, mal kaperten die Schweden Schiffe, mal die kaiserlichen Truppen. Zum Ende des Dreißigjährigen Krieges beherrschten die Schweden und Württember-

Der Bodensee früher: Kolorierter Kupferstich um 1640.

ger den See. Alle Beteiligten waren zermürbt. Man hatte keine großen Seeschlachten mehr im Sinn, sondern die Kaperung von Handelsschiffen und das Eintreiben von Zoll und Steuern. Der Westfälische Friede beendete auch dieses. Ab dem 24. Oktober 1648 zogen sich die kriegführenden Parteien vom Bodensee zurück.

Robust, erfolgreich, am Ende nur noch Brennholz – Lädinen, historische Lastensegler

500 Jahre lang war die »Lädi« (so die damalige informelle Bezeichnung) das Transportmittel auf dem Bodensee schlechthin. Erstmals gebaut wurde der Lastensegler im 14. Jahrhundert. Er konnte bei einem Tiefgang von 1,5 Metern bis zu 150 Tonnen tragen. Das Schiff war 32 Meter lang und vier Meter breit, die Höhe des Einmasters betrug 24 Meter. Kleinere Lädinen wurden »Segmer« genannt. Waren im Jahr 1764 noch 150 Lädinen auf dem Bodensee im Einsatz, schrumpfte deren Zahl im folgenden Jahrhundert auf 60 bis 70. Zu Beginn des 20. Jahrhunderts waren die meisten der Holzsegler umgerüstet oder zu Brennholz verarbeitet – das letzte Original erlitt dieses Schicksal 1952 in Bodman. Der jahrhundertelange Erfolg

Heutzutage mit Motor: Lädine in Immenstaad.

lag darin begründet, dass die Lastensegler schneller und günstiger waren als alle anderen Transportmittel: Ochsenkarren, Kutschen, Lastpferde. Bei Flaute wurde gerudert, getreidelt oder am Ufer entlang gestakt. Nur bei Gegenwind blieben die Lädinen im Hafen. Das hatte zur Folge, dass regelmäßig auch an Sonn- und Feiertagen gearbeitet werden musste, was dem Klerus ein Dorn im Auge war.

Transportiert wurden Speisesalz aus Bayern, landwirtschaftliche Produkte oder Baumaterialien zwischen den Anrainerorten und -staaten. Blies der Wind ordentlich, bewältigte eine Lädine den Bodensee in ganzer Länge während eines Tages in acht bis zehn Stunden. Es ist überliefert, dass beim Transport flüssiger Naturgüter die Plätze bei den Crews begehrt waren. Der Lohn wurde mit Wein beglichen und per »Stichnäpperli«, einem direkt ins Fass gebohrten Holzrohr, an Ort und Stelle konsumiert.

Der Lädinen-Verein Bodensee e. V. in Immenstaad hat 1999 einen Segmer in Betrieb genommen. 20 Tonnen schwer und 17 Meter lang, transportiert der Nachbau keine Weinfässer, sondern zahlende Touristen. Sie müssen keine Flaute fürchten, denn das Schiff wurde vorsorglich mit einem kräftigen Dieselmotor ausgestattet. Die Betriebszeiten der Lädine »Sankt Jodok« können der Website www.laedine.de entnommen werden. Donnerstag – das interessiert vor allem Kinder – ist Piratentag! Bei Tauchern beliebt ist eine gesunkene Lädine vor Ludwigshafen, die in etwa zwanzig Metern Tiefe liegt. Über die historische Schifffahrt informiert das archäologische Landesmuseum in Konstanz. Dort findet sich das »älteste Schiff vom See«: ein über 600 Jahre altes Lastschiff, das 1981 vor Immenstaad geborgen wurde. Außerdem ein maßstabsgetreuer (1 : 10) Nachbau.

Die badische Revolution startet in Konstanz

Konstanz, die damalige Hauptstadt des Seekreises, galt im Vorfeld der Badischen Revolution 1848/49 als liberal. Im Verlauf der Geschichte sollte dies eine wichtige Rolle spielen. Die Protagonisten der Badischen Revolution, Friedrich Hecker (1811–1881) und Gustav Struve (1805–1870), waren strikte Verfechter der republikanischen Idee. Ihre Ziele waren nicht nur die konstitutionelle Monarchie und weitreichende Grundrechte wie Presse- und Versammlungsfreiheit, sondern die Errichtung eines demokratischen Staates.

Alles begann bereits 1847 mit einer Versammlung im Offenburger Wirtshaus Salmen. Hier wurden die 13 »Forderungen des Volkes in Baden« formuliert, ein Katalog mit Grundrechten. Im Februar 1848 fand in Mannheim eine Volksversammlung statt, die den Beginn der Badischen

Revolution markiert. Wortführer war der Mannheimer Journalist Gustav
Struve. Darauf folgte der Hecker-Aufstand im April 1848. Weil Konstanz
als liberal galt, erhoffte sich Friedrich Hecker eine große Anzahl an Gleich-
gesinnten, verschätzte sich aber gewaltig. Der »Hecker-Zug« startete hier:
30 bis 50 bewaffnete Aufständische marschierten in Richtung Karlsruhe
los, um dort die Regierung samt Großherzog zu stürzen. Innerhalb einer
Woche schwoll die »Truppe« auf 800 Mann an. Zu wenige: Beim Gefecht
auf der Scheideck wurden die Revolutionäre von Truppen des Deutschen
Bundes geschlagen. Hecker und Struve, die beiden Anführer, flohen in die
Schweiz. Nach zwei weiteren fehlgeschlagenen Versuchen, einen Aufstand
anzuzetteln, emigrierten sie in die USA. Hecker kämpfte dort im Sezessi-
onskrieg und lebte als Viehzüchter und Weinbauer.

Basisdemokraten mit Dickschädel – Die Appenzeller

Man rühmt die Appenzeller für ihren würzigen Käse, ihre einzigartige Bauernmalerei und ihre Basisdemokratie. Ihre Täler und Dörfer zwischen Sankt Gallen und den Appenzeller Alpen teilen sich in zwei Halbkantone auf: das katholische Appenzell-Innerrhoden mit 16 000 und das protestantische Appenzell-Außerrhoden mit rund 55 000 Einwohnern. Alle traditionsbewusst und heimatverbunden.

Als »abbatis cella«, also »Gutsbesitz des Abtes« wurde Appenzell im 11. Jahrhundert erstmals erwähnt. Der Fürstabt von Sankt Gallen beherrschte das Gebiet. Seine rigiden Steuerforderungen waren dem immer selbstbewusster auftretenden Bauernvolk ein Dorn im Auge. Erst zerstörten die nur rudimentär Bewaffneten die Burg des Landvogts. Dann gewannen sie mit List und Tücke die Schlachten bei Vögelinsegg (1403) und am Stoss (1405) gegen hochgerüstete äbtische Ritter. Schließlich konnten sich die dickschädligen Appenzeller aus der Herrschaft des Fürstabtes befreien. 1513 traten sie der Schweizer Eidgenossenschaft bei. Während der Reformation zerfiel der Urkanton Appenzell in die zwei heutigen Halbkantone.

Schon im Mittelalter besaßen die Appenzeller so etwas wie eine Basisdemokratie: ihre sogenannte Landsgemeinde. Alle stimmberechtigten Bürger (selbstredend nur Männer!) versammelten sich einmal im Jahr unter freiem Himmel, um über Gesetze, Ausgaben, Steuern oder die Besetzung von Regierungsämtern abzustimmen. Noch heute kann sich das männliche Wahlvolk durch Mitführung eines Degens, Säbels oder Bajonetts auf der Landsgemeinde als stimmberechtigt ausweisen. Frauen durften in der Schweiz erst ab 1971 wählen; in Appenzell-Außerrhoden mussten sie sogar bis 1989 auf ihr Wahlrecht warten. 1997 schaffte man die Landsgemeinde in diesem Kanton ab; die öffentliche Stimmabgabe galt Kritikern als nicht mehr zeitgemäß. Anderswo existiert die Schweizer Landsgemeinde noch: in Appenzell-Innerrhoden und zwei weiteren Kantonen. Hier hat man seinen eigenen Kopf. Viele Appenzeller leben auch heute als Hirten, Sennen und Bauern. Sie pflegen ihre Bräuche, ihre bunten Trachten, ihre Dorf-Beizli, ihre prächtig kostümierten »Silvesterchläuse«, ihre Schellenkühe beim Alpaufzug, ihre Musik. Kein anderer Jodel klingt so anrührend wie das Innerrhoder »Rugguusseli« oder das Außerrhoder »Zäuerli«.

Und man ist offen für Touristen. Auf dem Säntis, dem mit über 2500 Metern höchsten Gipfel des Alpsteinmassivs, wurde bereits 1846 der erste Berggasthof eingerichtet. Seitdem zieht es Wanderer, Skifahrer, Rodler und Naturliebhaber ins Appenzellerland. Wer je auf dem atemberaubenden Lisengrat über den Säntis gewandert ist oder das idyllische Gäbrisseeli nahe Gais per Schneeschuh erkundet hat, der kann den Einheimischen nur zustimmen, wenn sie ihm mit betontem Understatement zu verstehen geben: »Bi öös is ase schö«!

Kollisionen auf dem See – Der Raddampfer »Jura« und die »Stadt Zürich«

Stoff für Verschwörungstheorien: Schiffskollisionen auf dem Bodensee. Im Februar 1864 befand sich das bayerische Kursschiff »Jura« auf seiner gewohnten Route von Lindau über Romanshorn nach Konstanz. Es herrschte dichter Nebel. Vor dem Schweizer Ort Bottighofen stieß der Dampfer trotz läutender Glocke mit der entgegenkommenden »Stadt Zürich« zusammen und sank innerhalb weniger Minuten. Ein bayerischer Matrose starb bei

der Kollision, ein Schiffsjunge wurde schwer verletzt. Passagiere und die restliche Besatzung konnten sich auf das andere Schiff retten.

Das Kuriose dabei: Auf gleichem Weg hatte die »Stadt Zürich« bereits drei Jahre zuvor die »Ludwig« versenkt, das Vorgängerschiff der »Jura«. Nur drei Monate nach dem Sinken der »Jura« rammte die »Stadt Zürich« auch noch die »Stadt Lindau« im Lindauer Hafen. Bayerische Zeitungen schrieben von »Sabotage«; wilde Verschwörungstheorien wurden verbreitet.

In den fünfziger Jahren des 20. Jahrhunderts entdeckte man die gesunkene »Jura« in etwa 40 Meter Tiefe vor Bottighofen. Tauchern gilt die »Jura« mittlerweile als bekanntestes Süßwasserwrack Europas. Verschiedene Gegenstände wurden aus dem Schiff geborgen, darunter die 47 Kilogramm schwere Schiffsglocke, ein Manometer, Geschirr, Flaschen, Lederschuhe, ein gefüllter Schmalztopf. Vieles davon kann im Kreuzlinger Seemuseum besichtigt werden. Im Jahr 2004 stellte der Kanton Thurgau die »Jura« als »Unterwasser-Industriedenkmal« unter Schutz und überwachte die Tauchgänge am Wrack. Sporttaucher auf der Suche nach Souvenirs hatten dort zuvor erhebliche Zerstörung angerichtet. Obwohl die »Jura« mit ihrem Holzrumpf und klappbarem Schornstein als eines der am besten erhaltenen Dampfschiffe aus dem 19. Jahrhundert gilt, hat man eine Bergung mittlerweile ausgeschlossen.

Tragisch und gegen die Wahrscheinlichkeit – Der Flugzeugzusammenstoß bei Überlingen

Es gibt kaum eine unwahrscheinlichere Art, zu Tode zu kommen, als bei einem Zusammenprall von Zivilflugzeugen. In der Luftfahrtgeschichte geschah dies bislang 19 Mal, nur viermal über Europa. Das Unwahrscheinliche geschah mit besonderer Tragik am 1. Juli 2002 über dem Örtchen Owingen bei Überlingen. Dort stießen in der Nacht ein Frachtflugzeug der Firma DHL sowie ein baschkirisches Passagierflugzeug vom russischen Typ Tupolew zusammen. An dessen Bord befanden sich 69 Personen, die ebenso wie die beiden Piloten des Frachters alle ums Leben kamen. Besonders tragisch: Die meisten der Getöteten waren Schulkinder. Sie befanden sich auf einer Reise zur Belohnung für besondere schulische Leistungen und galten als hochbegabt. Hauptursache für den Crash war die mangelnde Aufmerksamkeit des verantwortlichen Fluglotsen Peter Nielsen der zuständigen Schweizer Firma Skyguide beziehungsweise die Unterbesetzung im Kontrollraum: Der Fluglotse war allein. Erschwerend hinzu kamen Missverständnisse zwischen ihm und den Piloten, die ihre Flughöhe zu spät und in die falsche Richtung änderten. Außerdem gab es Probleme mit

dem Kollisionswarnsystem und mit einem direkten telefonischen Draht zu benachbarten Flugleiteinrichtungen. Wegen fahrlässiger Tötung wurden acht Mitarbeiter der Firma Skyguide zur Rechenschaft gezogen. Sie erhielten Bewährungsstrafen. Doch damit war das tragische Geschehen noch nicht zu Ende. Am 24. Februar 2004 ermordete der Ossete Witali Kalojew Peter Nielsen in dessen Haus. Kalojew hatte bei dem Unglück seine Frau und zwei Kinder verloren. Für die Tat wurde er zu fünf Jahren und drei

Monaten Haft verurteilt. Nachdem er davon zwei Drittel verbüßt hatte, kam er frei. Nach der Rückkehr in seine Heimat wurde er als Held gefeiert und machte Karriere als stellvertretender Minister für Bau und Architektur in der Republik Nordossetien. Für die Opfer wurden mehrere Gedenkstätten eingerichtet, die wichtigste in Überlingen-Brachenreuthe, wo die meisten Todesopfer geborgen wurden. Am Boden gab es keine Verletzten oder Toten, der Sachschaden war gering.

Denkmal für die Absturzopfer in Brachenreuthe.

Patente, Pegelstände und Höhlenfische – Bodensee-Besonderheiten

Schwäbisches Meer oder Badensee?
Der drittgrößte See Mitteleuropas

Die Württemberger nennen den Bodensee gerne »Schwäbisches Meer«, während entlang der badischen Uferlinie allenthalben die badische Flagge weht. Zu Recht, denn von den 273 Kilometern Gesamtuferlänge entfallen 130 Kilometer auf Baden (48 Prozent), 72 auf die Schweiz (26 Prozent), 28 auf Österreich (10 Prozent) und nur 25 Kilometer auf Württemberg (9 Prozent). Bayern verfügt immerhin noch über 18 Kilometer Bodenseeufer (7 Prozent). So groß uns der See erscheint, so sehr er die süddeutsche Landkarte dominiert: In der europäischen Rangliste der größten Seen landet er nur auf Platz 39. In Nord- und Osteuropa gibt es weit größere Binnengewässer. Mit einer Fläche von 536 Kilometern ist er aber Deutschlands größter See. Weitere deutsche Rekorde: Es ist der tiefste See (251 Meter) und der mit Abstand volumenreichste (48 Kubikkilometer). Die Schweizer verfügen über einen noch größeren, nämlich den Genfer See mit einer Gesamtfläche von 580 Quadratkilometern, von denen 345 auf Schweizer Staatsgebiet entfallen – beim Bodensee sind es 173 Schweizer Quadratkilometer. Somit ist der Bodensee nur drittgrößter Schweizer See, auf Platz zwei rangiert der Neuenburger See mit 215 Quadratkilometern.

Größter See Österreichs ist der Neusiedler See (140 Quadratkilometer), wenn man nur den österreichischen Anteil des Bodensees rechnet (58,6 Quadratkilometer). Er kommt also nur auf Rang zwei. Was die Anrainerländer betrifft, gilt also nur für Deutschland: Der Bodensee ist der größ-

LA CVS CONSTANTIENSIS XX· TAB· NOVA

te See – anteilsmäßig mit etwa 331 Quadratkilometern. Für eine Bronze- und eine Silbermedaille reicht es: Der Bodensee ist nach dem ungarischen Plattensee (592 Quadratkilometer) und dem Genfer See der drittgrößte in Mitteleuropa. Auf Platz zwei liegt der Bodensee hinsichtlich des Wasservolumens hinter dem Genfer See (89 vs. 48 Kubikkilometer).

Die Anrainerstaaten wechselten im Lauf der Jahrhunderte.

Andere Länder, andere Pegelstände

Konstanz, Romanshorn, Bregenz – in jedem der drei Anrainerstaaten werden unterschiedliche Pegelstände ermittelt. Das liegt daran, dass jedes Land seine Wasserstandsangaben auf unterschiedliche Nullpunkte bezieht. Die amtliche Bezugshöhe in Deutschland lautete bis 1992 »über Normalnull« (ü. N. N.) und bezog sich auf den Amsterdamer Pegel. Sie wurde 1993

HÖCHSTE HOCHWASSER

7. JULI 1817

15. JULI 1566

3. SEPTEMBER 1890
11. JUNI 1999

2. JULI 1910
27. JUNI 1926

29. JUNI 1965

Mal mehr, mal weniger: historische Wasserpegelstände. im Zuge der Deutschen Einheit auf den »Normalnullpunkt« übertragen, der exakt 37 Meter unter einer 1879 markierten Stelle an der Neuen Berliner Sternwarte liegt und »Normalhöhenpunkt 1879« genannt wird. Das Ganze ist also recht kompliziert. Die Schweizer beziehen ihren Nullpunkt auf die Höhe des »Repère Pierre du Niton«, zweier Felsblöcke im Genfer See, deren Höhenmarkierung 373,6 Meter über dem Pegel von Marseille liegt – definiert im Jahr 1902. Die Referenz der Österreicher ist die Mole Sartorio im Hafenbecken von Triest. Dieser Nullpunkt wiederum wurde festgelegt, indem über viele Jahre der Wasserstand erfasst und gemittelt wurde. Der österreichische Pegelstand liegt sieben Zentimeter über dem Schweizer, der Amsterdamer 32 Zentimeter über dem der Schweiz. Das gibt es wirklich nur am Bodensee.

1-mal See, 3-mal Polizei – Der Bodensee und seine Grenzen

Wer ist eigentlich zuständig, wenn mitten auf dem See ein Flugzeug abstürzt, ein Boot in Seenot gerät, ein Schiffskapitän ohne Papiere erwischt wird? Dann muss die Wasserschutzpolizei ran. Aber welche? Die aus der Schweiz, aus Deutschland, aus Österreich? An Land sind die Staatsgrenzen sauber definiert, auch im Seerhein und auf dem Untersee existiert eine deutsch-schweizerische Grenze mitten durchs Gewässer. Sie wurde 1854 in einem Staatsvertrag zwischen dem Großherzogtum Baden und den Eidgenossen festgelegt.

Doch der Obersee, zwischen Deutschland, der Schweiz und Österreich gelegen, ist ein sogenanntes »Kondominium«, also ein von allen drei Staaten gemeinsam verwaltetes Staatsgebiet. Hier gibt es keine festen Grenzen, dafür aber unterschiedliche Rechtsbereiche.

Das kann kompliziert werden. Ist etwa ein Angler ohne Schein in seinem Boot in der Nähe des Ufers unterwegs, so muss der jeweilige Anliegerstaat ran. Ihm untersteht das Ufer bis zu einer Wassertiefe von 25 Metern – zumindest in Sachen Fischerei. Beim Schifffahrtsrecht sind die Befugnis-Zonen ausgedehnter, sie erstrecken sich zwei bis drei Kilometer in den See hinein. Mitten im See markieren sogenannte Vollzugsbereiche, welches Land zuständig ist. Diese Bereiche wurden per Peillinie festgelegt, zum Beispiel vom Pfänder-Sendemast hinüber zum Altenrhein.

Noch sind sich die drei Länder nicht grundsätzlich einig über die Handhabung ihrer Befugnisse. Vor allem die Schweiz hätte zu gern eine reale Grenze, die im mittleren Abstand zwischen den Ufern liegt. Bei besonderen Fällen wie etwa Flugzeugabstürzen mitten im See muss jedes Mal neu beschlossen werden, welches Land das Sagen hat. Das ist umständlich, birgt aber auch Vorteile: Bekanntlich ändert sich das Wetter am Bodensee schnell; aus einem lauen Lüftchen kann binnen Minuten ein Sturm werden. Jahr für Jahr geraten Bootsfahrer und Badegäste in gefährliche Situationen. Da ist es gut, wenn Polizeibeamte aller drei Länder pragmatisch zusammenarbeiten und schnell vor Ort sein können. Prinzipiell gilt: Bei einem Seenotruf hilft, wer gerade in Unfallnähe ist. Danach wird der Fall von der Behörde des zuständigen Landes übernommen.

Scrabble-tauglich und umstritten – Das Bodenseeschifferpatent

»Bodenseeschifferpatent« ist nicht nur ein prima Begriff für Scrabble-Spieler, sondern die Voraussetzung, um den Bodensee befahren zu dürfen, egal in welchem der drei Hoheitsgebiete. Jedenfalls sofern die Maschinenleistung des Bootes 4,4 Kilowatt übersteigt beziehungsweise das Boot mehr als 12 Quadratmeter Segelfläche aufweist. Erteilt wird es in Deutschland von Bayern und Baden-Württemberg. Immerhin kann, wer auf Deutschlands größtem See schippern darf, sein Patent für alle Binnengewässer der Republik umschreiben lassen, ohne weitere Prüfungen abzulegen. Neben einer körperlichen und geistigen Befähigung sowie der »charakterlichen Eignung zur Führung eines Schiffes« hat der angehende Bodenseeschiffer theoretische und praktische Prüfungen zu absolvieren. Je nach Kategorie muss er auch Fahrzeiten auf entsprechenden Booten nachweisen. Die Prüfung kann bei den Landratsämtern entlang des Ufers abgelegt werden beziehungsweise in Österreich bei der Bezirkshauptmannschaft Bregenz und in der Schweiz bei den kantonalen Schifffahrtsämtern. Die spezielle Regelung nur für den Bodensee ist umstritten, da die Regeln kaum von denen der europäischen Binnengewässer abweichen.

Länger, breiter, höher –
Der Rheinkilometer »Null« und der Rheinfall

Mal mehr, mal
weniger Wasser:
der Rheinfall bei
Schaffhausen.

Wer im Fach Geografie aufgepasst hat, erinnert sich, dass der Rhein als zehntlängster Fluss Europas und zweitlängster im deutschen Sprachraum über 1200 Kilometer lang ist, ganz genau: 1233. Für die Schifffahrt ist er fast 200 Kilometer kürzer, zumal die so genannte »Kilometrierung« des Rheins mit dem »Rheinkilometer 0« in der Mitte der alten Konstanzer Rheinbrücke beginnt, also den kompletten Bodensee und den Alpenrhein ignoriert. Nach der Kilometrierung des Rheins richten sich neben den Rheinschiffern alle Behörden. Die Geografen zerlegen den Rhein in mehrere Teile: Der Alpenrhein fließt von der Quelle in den Bodensee und ist 90 Kilometer lang. Der Bodensee mündet an Rheinkilometer Null in den nur vier Kilometer langen »Seerhein«, einen Fluss, der den Obersee als Teil des Bodensees wiederum mit dem Untersee verbindet und überdies die Deutsch-Schweizer Grenze markiert. Am Seerhein ereignete sich im Jahr 1549 das »Wasserwunder von Konstanz«. Angeblich hob und senkte sich der Wasserspiegel dort im Viertelstundentakt um jeweils einen halben Meter. Fischer berichteten gar, dass der Rhein zeitweise rückwärts floss.

Wissenschaftler sehen das heute nüchterner. Bei bestimmten Windverhältnissen entwickelt das Wasser im Bodensee eine Eigenschwingung. Es schwappt quasi hin und her, was an der engsten Stelle, dem Seerhein, am deutlichsten ausgeprägt ist.

Berühmt seit Goethes und Mörikes Zeiten ist der Rheinfall im Schweizer Kanton Schaffhausen. Er hält einige Rekorde und Fastrekorde. So gehört er zu den drei größten Wasserfällen Europas. Ein norwegischer Wasserfall, der Sarpsfossen, führt mehr Wasser, der Detifoss auf Island ist dafür doppelt so hoch, führt aber nur die Hälfte des Wassers des Rheinfalls. Höhere Wasserfälle gibt es zahlreiche, insbesondere in der Schweiz. Eine Fallhöhe von 23 Metern wäre nicht sehr auffällig, wäre da nicht die Breite von 150 Metern und die Wassermenge von 373 Kubikmetern Wasser pro Sekunde – die Schwankungsbreite liegt zwischen 95 Kubikmetern (gemessen 1921) und 1250 (im Jahr 1965). Der Rheinfall ist mit Aussichtsplattformen, Schiffsrundfahrten und Glaslift touristisch bestens erschlossen und entsprechend besucht (bis zu 1,5 Millionen Besucher pro Jahr). Seine Entstehung verdankt der Wasserfall zwei unterschiedlich harten Gesteinsschichten. Die weichere wurde vom Rhein zuerst abgetragen, wodurch eine Vertiefung entstand. In der Würmeiszeit verlegte der Rhein sein Bett, floss über härteres Gestein (Malmkalk), das nur langsam abgetragen wird, und stürzt seitdem an der Kante des alten Rheinverlaufs dort in die Tiefe, wo sein altes Bett in weichem Gestein (Molasse) ausgehobelt ist.

Wärmepuffer und Nebelloch – Das Bodenseeklima

Der Bodensee hat ein ganz eigenes Klima, das von zwei Faktoren geprägt ist: Erstens wirkt er als Wärmespeicher. Nicht nur seine große Fläche, sondern auch sein Wasservolumen wirken auf das regionale Klima, denn der See kann sich nur langsam an die jahreszeitlichen Temperaturschwankungen anpassen. Zweitens kann – bedingt durch die Nähe der Alpen – heftiger Föhnwind blasen. Im Sommer wirkt der Bodensee auf seine unmittelbare Umgebung abkühlend. Allerdings verdunstet bei hohen Temperaturen mehr Wasser, so dass die Luftfeuchtigkeit ansteigt, es also schwül wird. Je nach Windrichtung weht vom See her ein kühles Lüftchen, da dem See durch die Verdunstung Wärme entzogen wird. Im Winter fungiert der Bodensee als Wärmereservoir: Längere Phasen mit frostigen Tagen sind deshalb selten. Gefürchtet ist die Senke des Bodensees jedoch als Nebelloch. Im Herbst und Winter lösen sich Nebel und Hochnebel bei Hochdruckwetterlagen oft tage- oder gar wochenlang nicht auf: Die kalte, feuchte Luft ist schwer und rührt sich ohne Wind nicht vom Fleck. Ganz

anders bei Föhn: Die steil aufragenden Berge des Alpsteins und der Chur-
firsten sorgen dann für heftige Föhneffekte mit Fallwinden, wie das bei
anderen Binnengewässern nicht der Fall ist. Wassersportlern droht dann
Gefahr, weshalb die Anrainerstaaten ein Frühwarnsystem mit Leuchtsi-
gnalen eingerichtet haben. Berüchtigt sind auch die Gewitter. So wurden
im Sommer 2006 Wellenhöhen von fast ozeanischer Dimension erreicht:
Die Spitze lag bei 3,50 Metern.

Komplett zugefroren war der Bodensee nur selten, durchschnittlich etwa
alle 70 Jahre. Die letzte so genannte »Seegfrörne« fand im Winter 1962/63
statt. Erst wenn die Eisschicht so dick ist, dass man den See von einem
Ufer zum anderen begehen kann, verwendet man diesen alemannischen
Ausdruck. Voraussetzungen sind zunächst ein kühler Sommer, gefolgt von
frühen Wintereinbrüchen und lang andauernden kalten Hochdruckwetterlagen mit Nebelbildung im Januar und Februar. Die flachen Teile des
Bodensee bilden schneller eine Eisschicht aus, 1963 machte der 22 Meter
tiefe Gnadensee den Anfang, gefolgt vom Zeller See mit 26 Metern Tiefe.
Nach insgesamt drei Wochen war die ganze Fläche Anfang Februar 1963
mit Eis überzogen – als letzter Teil gefror der Obersee. Die erste dokumen-

Eiskalt erwischt: die Seegfrörne 1830 im Konstanzer Hafen.

tierte Seegfrörne wurde im Jahr 875 verzeichnet, es folgten bis 1963 weitere 33, davon jeweils sieben im 15. und 16. Jahrhundert. Im zwölften, 18. und 20. Jahrhundert fror der See jeweils nur einmal ganz zu.

Himmelblaue Rarität – Das Bodensee-Vergissmeinnicht

Wenn man Botanikern glauben darf, waren die Ufer des Bodensees nach der Eiszeit in den allmählich wärmer werdenden Frühjahren über und über blau gefärbt. Dafür sorgte das Bodensee-Vergissmeinnicht (Myosotis rehsteineri). Heute gehört es zu den stark gefährdeten Arten, ja sogar zu den seltensten Pflanzen Mitteleuropas, 1994 stand es mit nur noch 2500 Exemplaren kurz vor dem Aussterben, vier Jahre später wurden neue Fundstellen entdeckt. Der Bestand hat sich bis heute verzehnfacht. 85 Prozent dieser hübschen Blümchen wachsen am Bodensee, weitere Relikte der eiszeitlichen Pracht finden sich vereinzelt am Starnberger See. Das Vergissmeinnicht mit seinen himmelblauen Blüten wächst auf nährstoffarmen,

tonigen Sand- und Kiesböden und blüht im April und Mai. Die Pflanzen-kissen haben einen Durchmesser von bis zu 30 Zentimetern, die Blüten messen vier bis zwölf Millimeter. Tatsächlich nur am Bodensee, ebenfalls in den kargen Uferbereichen, wächst ein Süßgras, das ebenfalls auf der Roten Liste der gefährdeten Pflanzenarten steht, die Strandschmiele. Bei-de Pflanzen sind bedroht, weil es immer weniger intakte, ursprüngliche Uferabschnitte gibt, immer mehr Bereiche fallen dem Tourismus, Algen-teppichen, Uferregulierungen sowie dem Klimawandel, sprich der Konkur-renz mit eingewanderten Pflanzenarten, zum Opfer.

Blass und selten – Europas einziger Höhlenfisch

Sie hat Biologen in Entzückung versetzt: Die Schmerle, ein kleiner blass-rosa Höhlenfisch im schwer zugänglichen Höhlensystem des Aachtopfes. Erstmals gesichtet wurde das farblose, kleine Tier 2015 von einem Höh-lentaucher, ans Tageslicht und in die Universität Konstanz gebracht wur-

de es Anfang 2017. Dass das Fischlein erst so spät entdeckt wurde, liegt daran, dass Profitaucher eine Stunde lang brauchten, um zur Fundstelle zu gelangen. Den Forschern war schnell klar: Es ist der erste Höhlenfisch, der in Europa nachgewiesen wurde, und zugleich der nördlichste Fundort überhaupt. Bislang ging man davon aus, dass Höhlenfische nur südlich des 41. Breitengrades vorkommen, also südlich etwa von Neapel. Als Grund vermutete man die Eiszeit: Im Norden war alles zugefroren. Die Schmerle ist womöglich nach dem Ende der Würmeiszeit vor 20 000 Jahren an den Bodensee gelangt. Der wissenschaftliche Name lautet *Barbatula barbatula*, zu Deutsch Donau-Bachschmerle. Die fünf bislang gefangenen Exemplare haben unscheinbar kleine Augen, dafür große Nasenlöcher und verlängerte Barteln, also fühlerartige Fortsätze am Maul. Sie müssen in ihrer dunklen Umgebung besser riechen und schmecken als sehen können. Nun werden die maximal zehn Zentimeter langen Schmerlen untersucht. Verhaltensexperimente und genetische Studien stehen an. Sie sollen Fragen beantworten wie: Haben die Tiere einen Tag-Nacht-Rhythmus, wie und wo finden sie Nahrung und Paarungspartner oder vergrößern sich die Augen bei den nachfolgenden Generationen, wenn sie Tageslicht ausgesetzt sind?

Der Bodensee und seine Naturschutzgebiete

Hübsch ist der Kolbenentenerpel mit seiner hohen Stirn, seinem rostroten Kopf und seinem knallroten Schnabel. Ein Hingucker, nicht bloß für die artgleichen Weibchen, sondern auch für Spaziergänger am Bodenseeufer. Nirgendwo sonst in Deutschland findet man speziell im Winter solch große Ansammlungen der *Netta rufina*. Auch vielen anderen Vogelarten wie dem seltenen Schwarzhalstaucher, dem Gänsesäger, der Krick- oder der Knäkente dient der See mit seinen Riedlandschaften als Rückzugsort. Eine ganze Reihe Naturschutzgebiete weist der Bodensee auf. Am bedeutendsten auf deutscher Seite: das Wollmatinger Ried (770 Hektar) westlich von Konstanz und das Eriskircher Ried (552 Hektar) am nördlichen Seeufer. Im österreichischen Rheindelta am Alpenrhein stehen fast 2000 Hektar unter Naturschutz: Flachwasserzonen, Schilfgebiete, Feuchtwiesen und Auwälder.

Im Winter versammeln sich hunderttausende Zugvögel gleichzeitig rund um den Bodensee. Hier schöpfen sie Kraft für den Weiterflug. Manche bleiben den ganzen Winter. Seit 1970 haben sich die Bestände der Wintergäste deutlich erholt.

Das freut die Mitarbeiter der Radolfzeller Vogelwarte. Hier beringt man einzelne Vögel und verfolgt ihre Flugrouten per Peilsender. Interessante Erkenntnis: Immer wieder machen sich kleine Trupps einer Vogelkolonie separat auf den Weg, um neue Lebensräume auszutesten. Im Winter 2014/15 rasteten fünf Flamingos im Wollmatinger Ried. Vermutlich stammten sie aus der oberitalienischen Po-Ebene. Vielleicht wollten sie ja herausfinden, ob es sich am Bodensee leben lässt. Genug Nahrung in Form kleiner Krebse dürften sie gefunden haben, allerdings eignet sich der wechselnde Wasserstand des Sees für die rosafarbenen Vögel kaum zum Brüten. Jedenfalls sind die Flamingos seither nicht mehr wiedergekommen.

Taucher-Mythos – Der Teufelstisch im Überlinger See

Unterm Seezeichen 22 nahe der Marienschlucht befindet sich ein berühmt-berüchtigter Unterwasserfelsen: der Teufelstisch. Eine Säule im See, rund 15 Meter im Durchmesser, auf neunzig Meter abfallende Steilwände. Oben ein ovales Plateau, je nach Pegelstand liegt es 1,5 bis 3 Meter unter Wasser.

Taucher fürchten diese Felsformation, fühlen sich dennoch magisch von ihr angezogen. Immer wieder kam es hier zu tödlichen Unfällen. 1979

wurde das Tauchen am Teufelstisch eingeschränkt, in den neunziger Jahren verboten. Nur mit Ausnahmegenehmigung darf man heute noch tauchen, mindestens zu zweit und nicht tiefer als 40 Meter. Zuvor muss die Überlinger Wasserschutzpolizei informiert werden.

Warum aber häuften sich hier die Unfälle? Der Gerüchte gibt es viele. Von gigantischen Höhlen im Felsen wurde erzählt, aus denen Taucher nicht mehr herausfinden. Von geheimnisvollen Strömungen. Oder von riesigen, taucherfressenden Welsen. Fakt ist, das Wasser des Bodensees ist trüb und kalt, allein das stellt eine Herausforderung dar. Oft sind auch Selbstüberschätzung oder falsche Ausrüstung Ursache tödlicher Tauchunfälle. Darüber hinaus ist das Tauchen an Steilwänden anspruchsvoll, da man den Sichtkontakt zur Wand verlieren und in Panik geraten kann.

Tatsächlich scheint es am Teufelstisch Vertikalströmungen zu geben, die einen Taucher nach oben oder unten ziehen können. Limnologen entdeckten riesige Wellen unter Wasser, die bis zu 30 Meter absinken und wieder aufsteigen. Wegen der enormen Tiefe sind ihre Auswirkungen am

Teufelstisch besonders stark zu spüren. Tauchroboter stießen am Seegrund zudem auf Methanblasen. Methan verändert die Dichte des Wassers und verringert den Auftrieb. Könnten Taucher durch solche Blasen möglicherweise die Orientierung verlieren?

Der sagenumwobene Teufelstisch bleibt trotz aller Erklärungen rätselhaft. Genau das macht seine Anziehungskraft aus.

Zwischen Deutschland und der Schweiz – Das Tägermoos und Büsingen am Hochrhein

Am Seerhein gleich hinter Konstanz liegt das »Tägermoos«: 1,55 Quadratkilometer Grünland, mit Schrebergärten, einer Pappelallee, einem Strandbad. Obwohl das Tägermoos zur Schweiz gehört, darf die deutsche Stadt Konstanz über seine Geschicke mitbestimmen. Eine Kuriosität, doch wie kam es dazu?

Im Jahr 1294 kaufte Konstanz die Tägermoos-Wiesen von einem Kloster. Zweihundert Jahre später wurde das Gelände eidgenössisch, blieb aber in Konstanzer Besitz. Konstanzer und Schweizer waren sich zu diesem Zeitpunkt nicht besonders grün: Nach dem Krieg von 1499 zwischen »Kuhschweizern« und »Sauschwaben«, wie sich die Parteien wechselweise betitelten, hatte sich die feindliche Schweiz bis an die Konstanzer Stadtmauern ausgedehnt. Konstanz jedoch behielt die niedere Gerichtsbarkeit über das eidgenössisch gewordene Grünland vor seinen Toren. Bis 1774 nutzte die Stadt das Tägermooser »Kuhhorn« sogar als Hinrichtungsplatz, was die Eidgenossen zähneknirschend hinnehmen mussten.

1831 kam es zur Einigung. Konstanz war mittlerweile badisch, die Karlsruher Regierung der Ansicht, das Tägermoos gehöre zum Großherzogtum. Der neue Staatsvertrag sollte den Grenzverlauf klären: Das Tägermoos blieb bei der Schweiz, bestimmte Verwaltungsrechte jedoch übernahm die Stadt Konstanz. Gemüsebauern aus dem Konstanzer Stadtteil Paradies bewirtschafteten mittlerweile Felder im Tägermoos; sie durften ihre Rüben und Rettiche zollfrei über die Grenze bringen. Im ersten Weltkrieg schmuggelten die findigen Paradieser auf diesem Weg Kaffee, Tabak und Schokolade nach Deutschland. Im Zweiten Weltkrieg schloss man die Grenze zum Tägermoos, Flüchtlinge aus Nazideutschland sollten sich nicht in die Schweiz absetzen können. Nach dem Krieg behielt Konstanz seine Sonderrechte; nach wie vor nutzen die Paradiesbauern ihre Tägermooser Felder.

Noch kurioser ist die Lage der Gemeinde Büsingen am Hochrhein. Der 1350-Einwohner-Ort gehört zum Landkreis Konstanz, ist jedoch von

Gemarkungen von Konstanz

Dettingen

Dingelsdorf

Litzel-
stetten

Mainau

1

Konstanz

Tägermoos

S C H W E I Z

Drinnen und draußen: die Exklave Tägermoos.

Schweizer Staatsgebiet umgeben. Damit ist Büsingen die einzige Exklave Deutschlands. Obwohl zu Konstanz gehörig, hat sie ihr eigenes Autokennzeichen: BÜS, das seltenste Kennzeichen Deutschlands. Am 4. Oktober 2017 feierten die Büsinger ihren 50. Jahrestag des Staatsvertrages mit der Schweiz: Mit ihm wurde die deutsche Gemeinde ins Schweizer Wirtschaftsgebiet miteinbezogen. Seitdem zahlt man im Ort hauptsächlich in Schweizer Franken, doch das bedeutet bürokratische und steuerliche Nachteile für die Büsinger. Viele junge Leute verlassen ihr Dorf, um sich in der Schweiz niederzulassen, manche ziehen bloß ein paar Meter über die Grenze. Längst wünscht sich der Ort einen neuen Staatsvertrag, der auch die von Deutschland und der Schweiz unterschiedlich erhobenen Einkommenssteuern regelt. Am liebsten würden sich die meisten Büsinger wohl ganz und gar von Deutschland trennen und künftig auch politisch der Schweiz angehören.

Eigenwilliger Zungenschlag – Das Bodensee-Alemannische

»Konstanz isch d Hauptstadt vu de Seealemanne, aber des isch no it alls! De Bodanrück ghert dezue, vu dem mer uf de Undersee und uf de Überlingersee luege ka. Wemmer dert über de See kunnt, isch mer im Linzgau.«

In diesen eigenwilligen Worten beschreibt die seealemannische Regionalgruppe der »Muettersproch-Gsellschaft« ihren Einflussbereich. Zugereiste sind erst mal verwirrt. Spricht man am See denn nicht schwäbisch, badisch oder gar schweizerdeutsch? So verlaufen schließlich die Grenzen auf der Landkarte! Nein, erklären die Seealemannen. Schwäbisch schwätzt man am Nordufer in Friedrichshafen. Das Badische ist überhaupt kein eigener Dialekt. Die Schweizer sprechen Schwyzerdütsch, was auch kein Dialekt ist, sondern eine Landessprache. Und das See-Alemannische? Kümmert sich nicht um Landkarten. In Konstanz beispielsweise verkünden Alteingesessene nahezu schweizerisch: »I bi gsi« (Schwaben sagen »I ben gwä«), wenn sie irgendwo waren. Ihren Nachwuchs bezeichnen Konstanzer aber nicht als »Chind«, wie man es in der Schweiz, am Hochrhein oder im Hegau täte. Die Konstanzer sagen »Kind«. Wenn sie es besonders ernst meinen, sagen sie »Frichtle«.

Um 260 nach Christus hatten die Alemannen das nördliche Bodenseeufer eingenommen; Ende des 4. Jahrhunderts besetzten sie die Gegend bis zu den Alpen. Vermutlich drückten sie der Region schon damals ihren Sprachstempel auf, und der zog sich durch Jahrhunderte. Anfang des 15. Jahrhunderts schrieb Ulrich Richental seine berühmte Chronik des Konstanzer Konzils in alemannischer Sprache, die sich direkt aus dem Mittelhochdeutschen entwickelte. Zeitgenössische bekannte Mundartdichter wie Rosemarie Banholzer, Hanspeter Wieland, der 2013 verstorbene »Wafrö« Walter Fröhlich und Höri-Künstler Bruno Epple hielten und halten die Sprache lebendig.

Dennoch sind regionale Zungenschläge infolge Mobilität und Globalisierung eine bedrohte Spezies. »Neigschmeckte« und »Zuegloffene« kommen von überall her und bringen ihre eigenen Sprachformen mit, gleichzeitig verlassen junge Leute die Bodensee-Region. So droht die seealemannische Mundart immer mehr an Bedeutung zu verlieren. Dabei besitzt sie so viele schöne Wörter! Verwirrte oder zerstreute Menschen sind ein wenig »hinderefir«, Kirschen werden zu »Kriese« und eine Vogelscheuche zum »Butzegäckeler«.

Eine Hoffnung gibt es noch: die Fasnacht. »Hier gehört der Dialekt auch bei jungen Leuten wieder dazu«, freuen sich die Seealemannen. Um das noch zu intensivieren, hat der »Muettersproch-Verein« zwei umfangreiche Standardwerke herausgegeben: das »Alemannische Wörterbuch« und das Liederbuch »Woni sing und stand«. Damit sich auch »Neigschmeckte« die Sprache zu eigen machen können. Und die richtige Aussprache gibt's on-line auf der Webseite der »Muettersröchler« zu hören. Denn für jeden Interessierten gilt: »Me ka's so lerne, das me's vestoht.«

Kleinod an der Grenze: die Seeburg in Kreuzlingen.

Die »Stadt der Ausländer« – Kreuzlingen in der Schweiz

Kreuzlingen, die größte eidgenössische Stadt am Bodensee, hält noch einen anderen Rekord. Hier sind die Schweizer mit lediglich 46 Prozent in der Minderheit. 11 580 Ansässige des 21 500-Einwohner-Ortes sind ausländische Staatsbürger, meist Deutsche. Grund ist Kreuzlingens direkte Nachbarschaft zu Konstanz: Eigentlich bilden Konstanz und Kreuzlingen eine Doppelstadt, nur getrennt durch eine Staatsgrenze. Gut bezahlte Jobs und niedrige Steuern locken viele deutsche Seeanrainer in die Schweiz. Vor allem Familien ziehen nach Kreuzlingen, ist doch der Wohnraum dort erschwinglicher als in Konstanz. Die Schweizer wiederum drängen zum Shoppen und Schlemmen in die deutsche Nachbarstadt. Ein starker Franken, ein schwacher Euro sind dafür verantwortlich. Dazu bekommen Schweizer Kunden in Konstanz die Mehrwertsteuer zurückerstattet und in der Schweiz obendrauf noch einen Freibetrag. Die Folge: In der Kreuzlinger Innenstadt finden sich aufgegebene Ladenlokale, leerstehende Gewerbeflächen: stumme Zeugen eines einseitigen »kleinen Grenzverkehrs«, während sich Konstanz in den vergangenen Jahren zur Konsumhochburg mauserte. Noch in den achtziger Jahren war das genau andersherum. Damals strömten die Deutschen in die Kreuzlinger Supermärkte, um Kaffee und Schokolade zu kaufen.

Heute strömen sie eher in den schönen Kreuzlinger Seeburgpark. Als einer der größten öffentlichen Erholungsparks am Bodensee erstreckt er sich über zwei Kilometer Länge. Einen Tierpark mit Schweinen, Schafen, Ziegen, Eseln und Vogelvolieren gibt es hier, außerdem Minigolf, Kinderspielplatz, Kräutergarten, das Seeburg-Schloss, einen 15 Meter hohen Aussichtsturm – und nicht zuletzt das Seemuseum: ein ehemaliges Kornhaus aus dem 17. Jahrhundert, das heute ein Schifffahrts- und Fischereimuseum beherbergt. Viel Geld lassen die Deutschen aber nicht im Seeburgpark. Man erkennt sie auch daran, so sagen zumindest die Schweizer, dass sie sich ihr Essen »von drüben« mitbringen.

Zurück zu den Kreuzlinger Einwohnerzahlen. Die in der Stadt wohnenden Eidgenossen scheinen ihre Unterzahl gelassen zu nehmen, sie sehen es eher als Kompliment, dass sich Ausländer bei ihnen so wohl fühlen. Ein großer Wegzug von Schweizern aus der Stadt ist nicht zu erkennen, und auch aus dem Wahlverhalten der Bürger spricht Gleichmut: Bei den letzten Großratswahlen wurde die fremdenfeindliche Schweizerische Volkspartei im Bezirk Kreuzlingen lediglich dritte Siegerin – im restlichen Kanton Thurgau landete sie hingegen auf Platz eins.

Erste Kunstgrenze der Welt – Die Tarotfiguren zwischen Konstanz und Kreuzlingen

Wer von Konstanz aus den See entlang nach Kreuzlingen spaziert, geht unweigerlich durch sie hindurch: eine Reihe hoher, rot schimmernder Figuren aus Edelstahl. Auf 300 Meter markieren sie den Verlauf der Landesgrenze zwischen Deutschland und der Schweiz.

Jahrelang hatten sich der frühere Konstanzer Oberbürgermeister Horst Frank und der Kreuzlinger Stadtammann Josef Bieri für die Öffnung der

Grenze auf dem Gebiet Klein-Venedig engagiert; allen bürokratischen Widerständen traten sie erfolgreich entgegen. Im August 2006 war es dann so weit: Die beiden Stadtoberhäupter schnitten gemeinsam den alten Maschendraht-Zaun entzwei und schufen Raum für etwas Neues: die erste Kunstgrenze der Welt. Anno 2007, noch bevor die Schweiz dem Schengen-Raum beitrat, wurden die Skulpturen vom Konstanzer Maler, Grafiker und Objektkünstler Johannes Dörflinger installiert. Seine gleichnamige Stiftung übernahm die Herstellungskosten in Höhe von rund 670 000 Euro. Die 22 Tarotfiguren sind sechs Meter hoch, abstrakt gestaltet, offen für Interpretation. Sie ruhen auf Edelstahlsockeln, dort sind ihre Titel auf Deutsch, Englisch, Französisch und Italienisch zu lesen. »Sonne«, »Mond«, »Stern«. Oder »Gerechtigkeit«. Der »Magier« – die östlichste Skulptur – steht im Wasser und dient Konstanz und Kreuzlingen als gemeinsames Seezeichen.

Klar, es gibt die Grenze noch. Die Skulpturen aber, zwischen denen Kinder umhertollen und Familien länderübergreifend ihre Picknickdecken ausbreiten, symbolisieren Offenheit und Toleranz. Während anderswo längst wieder neue Grenzzäune aufgebaut werden.

Statt Maschendraht: die erste Kunstgrenze der Welt.

Bildnachweis

Ameichle: S. 116.
ANKAWÜ: S. 89.
Any1s: S. 128/129.
Archiv Silberburg/gemeinfrei: S. 45, 51, 58, 62, 65, 67, 76, 82, 83, 85, 95, 109, 113, 115, 118, 120, 125, 131, 136, 138.
Bene16: S. 34.
Bodensee-Tourismus: S. 28.
Bodenseewellen: S. 98.
Johannes Böckh & Thomas Mirtsch: S. 22/23.
Roland.h.bueb: S. 122/123.
Dornier Museum: S. 70/71.
Fb78: S. 90.
Giacomo1970: S. 103.
Martin Groll: S. 111.
Hilarmont : S. 32.
homoesch: S. 96.
Heike Huslage-Koch: S. 49.
Martin Kaistra: S. 105.
Matthias Kehle: S. 18, 100/101.
JoachimKohlerBremen: S. 140/141.
Lesekreis: S. 47.
Kurt Liese Harald-Reportagen: S. 93.
LulaMae's: S. 78/79.
Narrengericht: S. 108.
Martina Nolte: 92.
Paebi: S. 97.
Pfahlbaumuseum Unteruhldingen Bodensee: S. 37.
Andreas Praefcke: S. 16.
Renardo la vulpo: S. 126.
Riessdo: S. 30.
Rizzo: S. 86/87.
Roland zh: S. 14.

Ralf Staiger: S. 10, 20/21, 39, 42, 55, 73, 143.
Steindy: S. 52.
Stiftsbibliothek St. Gallen: S. 12.
Tragopogon: S. 132/133.
Universität Konstanz: S. 40.
Günter Wieschendahl: S. 26.
WJournalist: S. 60.
Duncan Wright: S. 134.